生きる力をからだで学ぶ

鳥山敏子

Toshiko Toriyama

Transview

生きる力をからだで学ぶ・目次

1　子どもの中の深い絶望

2　「学び」のはじまり

3 学ぶからだを育てる

4 授業を通して世界にふれる

5 「学ぶ」ということ

6 人からしか学べないこと

生きる力をからだで学ぶ

装幀・小松悦子

1　子どもの中の深い絶望

トキになったイチョウの葉

ある日、子どもたちとイチョウの葉を一枚一枚枝からはずし、枝についていた順番に床に並べてみました。子どもたちは、まず葉の大きさと形に注目して、全部大きさがちがうこと、一つも同じかたちはないことに気づきました。

さらにその葉の形を詳しく見ていくと、イチョウの葉は枝の元のほうにくるにつれて葉の基部が横に広がり、先端に近いほうの若い葉は上に立ち上がっていることに気づきます。葉脈が多くの葉と違っていること、ぽってりとした厚さをもつ感触、においなど、子どもたちのからだはイチョウの葉を少しずつ自分に引き寄せてきます。「この形が電車についてる」「バスでも見たことがある」と、東京都のマークとしてイチョウの葉が使われていることにも気づいていきます。

◉イチョウのフォルムを動いてみる

イチョウの木についてだけでも、たくさんの授業が展開できるのですが、ここではフォルムに焦点をあてていきました。みんなで一列につながって並び、そのフォルムをゆっくり動いてみます。子どもたちは、これまでに何回もさまざまな植物の葉や花のかたちを実際に動いてきました。フォルムを描くだけでなく、からだで動くことによって、からだとフォルムが出会っていくのです。まずは私が先頭に立って、フォルムを少しずつ変化させながら、流れるように動きました。歩いている時は床に対して垂直だったからだが、空でカーブする鳥のように、傾き、流れていきます。そしてイチョウの葉のフォルムと他の植物の葉のフォルムの流れがちがうことを体験していきます。

「イチョウの葉は何に似ていますか」という問いに対して、「扇子」「うちわ」「二つの山」「サギ」「トキ」「カワセミ」と、子どもたちはイチョウの葉を片手でもち、その真ん中を右手の人さし指で押さえて、葉を羽に、柄をくちばしに見立てて答えました。私は子どもたちのまねをしてイチョウの葉をもち、「トキになって飛んでみよう」と、子どもたちの先頭に立ってホールを走りました。子どもたちもまねをしてすぐに飛んできます。ホールを田んぼにしたり、小川にしたりして、飛んでいきます。「あそこにドジョウがいる。食べよう」とみんなで羽を大きく開いてふわりと降りていきます。そこでドジョウを捕ったり、水を飲んだり、ザリガニを食べたりして遊びました。もちろん、ドジョウもザリガニもイメージ上のものですが、やっている本人には本物のようにそこに現われてきます。これが子どもたちのすごいところです。

トキが生まれてからこれまでの授業がからだに入っているので、子どもたちはすっかり佐渡のトキ保護センターから脱出したトキになっていました。続いて子どもたちが一人ずつ順々にトキのお話を創っていったのですが、そういう時、いつもトキを殺したがったり、破滅させたがって、けっして希望のほうに向かわない子どもがいます。一方で、希望のほうへ方向づけようとする子どもは、危険な目にあうトキを何とか助けようとするのですが、また捕まりそうになるということをくりかえします。その様子を見ているうちに、子どもたち全体に、本当に深いところで明るいものがないような気がしてきました。そこで、私は何があっても絶対めげないトキをお話に登場させることにしました。

子どもの中には、今の社会や自分の未来に対する深い絶望があるのではないでしょうか。よく「むかつく」「切れる」などといいますが、むかつくというのは、からだが吐くことも、怒ることもできない状態のときに起きてくることです。自分の中のものを表現できず、自分を抑えて生きてきたむかつくからだはどうなっていくのでしょうか。切れる方向に行けば家庭内暴力や、突然関係ない人を殺したりすることになり、内側に向かえば摂食障害、ひきこもり、自傷行為、強迫神経症などのかたちで現われてきます。また、子育てをする人であれば、自分の子どもを虐待する方向に行く場合もあるでしょう。

また、「腹がたつ」といういい方もありますが、立つというのは何もないところに何かが生まれることです。内側からわきあがってくるものをしっかり表現せず、飲み込んでしまうことを続けていると、からだはむかつく状態になっていきます。そういう状態のまま、自分を押し殺して大人になった人は、ワークなどで親に対する激しい怒りをあらわにして、からだがそれと向き合わざるをえない場を作ろうとします。しかし、そういう感情を閉じ込めたままの人は、引きこもったり、動けなくなったり、摂食障害やリストカットなどの自傷行為やさまざまな神経症を起こしていくのです。

むかついたからだはいつも心が不安定で、他者の目を怖がり、自分の中でバランスをとることがとても大変です。いつ切れだすか分からない自分を抑えることや、人が自分をどう見ているかで頭がいっぱいで、ほかの人のこと、自然、広い世界などに心を開いていくことがとても困難です。

一方、引きこもっている人は、一見何もしていないように見えても、そうしているだけでいつもへとへとに疲れています。自分も他者も肯定できず、他者との比較や恨みの中に自分をおいて、なかなか外に向かって表現できません。こんな状態で人とうまくいくはずがありません。人が自分をどう見ているか、自分を受け入れているかどうか、安心できる人がいるかどうかといったことに気をとられ、なかなか自分の問題にとりくめません。相手は相手で生きている世界があるのですが、それとの距離がとれません。相手の世界に入りすぎたり、関われなかったりして、結局どんどん怖くなって、閉じこもっていくのです。

しかし、世の人たちは引きこもっている人のことを「何もしていない人」といい、本人たちもそう思うことが多いようですが、私はこの表現は考え直したほうがいいと思っています。彼らが「しないということをしている」「動けないことをしている」ことが、どんなに家族や社会のありようを変えていく力になっているかという側面を強調する必要を感じているからです。「もう動けない」と引きこもることで、それまでびくともしなかった親や学校、社会をゆさぶっているのです。これは、すごい仕事をしていることになりませんか。ということは、一方で、若者や子どもたちがここまでしなければ、大人や親、社会が変わっていこうとしなかった現実があるということです。

まわりが何といおうと、自分が感じていること、思っていることを大事にすることと、それをしながら同時にまわりの人のことも感じていくからだをどういうふうに可能にしていくかも授業の大きな目的です。子どもたちは、自分が本当はどう感じているのか、感じることができなくなっています。元気よく意見をいっているように見える子どもも、内側の深いところが生き生きしているわけではないのです。その子の手を握ってみました。すると、彼は私の手をずっと握っていることができず、しょっちゅう握りなおすのです。ちょうどじっと立っていることができずに、足が落ちつかず、動き回るように、子どもの手も同じように落ちつかない状態になっているのです。彼だけでなく、いつもどこか不安定で、視線もからだの動きも定まらない子どもは増えていく傾向にあるように思います。

また、からだの反応が鈍くて、すぐにぼうっとなる子どもも多いのです。さらに、はっきりとした大きな声が出しにくい子や、歌をうたうときに口があまり開かず、表情筋がたれさがったままになる子がいることがとても気になります。からだの中があまり動かず、魂が抜けたようになり、口だけ申し訳程度に力なく動いているだけの状態の子も、年を追うごとに目立つようになってきたのではないでしょうか。

うつの人の中には、からだが動けない分をカバーするかのように、表情筋をつり上げて笑う顔をつくっている人がけっこういます。ぜんぜんおもしろくない時もいつも笑っているので、事情を知らない人からは、愛想がよく、感情が豊かに動いているようにさえ見られることがあります。ところが、本人は自分が笑っている顔になっていることに気づいていないのです。

◉切れる子どもたち

今後、ますます子どもたちが切れやすくなる可能性があることを、私たちは覚悟しておかなければいけません。なぜ切れるのかについてはさまざまな考え方があるようですが、一言でいえば、その人の命の道に沿わない育てられ方をしたからだ、といえるでしょう。

一九〇〇年から二〇〇〇年にかけての百年間、一般的な家庭での子育てはどうだったのでしょうか。私は、大きく分けると、親や大人が子どもをびしびししつけた時代と、まるでその反発ででもあるかのようにあまりうるさくいわない時代があったように思います。さまざまなケースを「時代」ということばでひとくくりにするのはとても乱暴な表現でもあります。あるいは、個々の家庭とでもいったほうがふさわしいかもしれません。

しかしいずれにしても、そういうふうに育てられた人がやがて親になり、どういう子育てをしてきたかは、子どもたちの様子にその結果がはっきりと出ています。現状を見るかぎり、どうやらどの親も明確な子育ての考えをもっていたわけではないことがよく伝わってきます。現実は、「自分は親から強くしかられたから、わが子はしかりたくない」「親の育て方がよかったからその通りにしてきた」という程度ではないでしょうか。子どもを押さえつけず、自分で考え行動できる、責任感のある子どもに育てたい、という思いをふくらませて親になる人はたくさんいます。しかしそういう気持ちがあっても、子どもの年齢に応じ、子どものなまの実態に即した子育てができたかといえば、多くの場合、それを実現できていないわけです。

私たちの多くは、子どもが個を確立していきながら、同時に社会的に成長していくという具体的なプロセスが、まだ見えていないのです。また、自らも個を確立するということができていません。その結果、公私の境界が分からず、自分の感情と社会的行動との区別がつかず、それが怖くて人との距離がとれず、引きこもったり、逆に外に出ても自分と他者との間に境界線を引けない人間が著しく増えてしまったのです。子どもが社会的に考え、行動できる人間に育っていくためには、親自らがそのように生きることが重要です。また、抽象的な思いだけでなく、具体的な方法を持ってとりくまねばなりません。

電車で席を譲ろうとしない若者に対してどう対応するかを大人たちに聞いたところ、そういう連中は切れたら何をするか分からないから、見て見ぬふりをするという答えが多かったという調査結果を目にしました。そういう若者たちが、次の世代をになうのです。いまの子どもたちが大人になった頃の社会を考えると、現状が改善されないかぎり、環境面でも絶望的です。とても二〇年先など予測できません。

子どもたちのからだは、絶望的な現実を知らなくても、知っています。自分の命と直結している部分で安心できないということを、からだのほうが先に知っているのです。無理が通れば道理引っ込むではありませんが、自分が切れたら道理が引っ込んで、まわりがびくびくするのがどこか愉快で、それがせめてもの大人への逆襲になっているのかもしれません。

◉虐待の影響

賢治の学校では、毎日一時間半、正座をして勉強をしていますが、正座をするのが難しい子どもが何人かいます。足首の関節が硬いのです。そういうことがどうして起きるのか原因ははっきり分かりません。月並な推測ですが、自然の中での遊びや、友だちとの遊びを思いきりしていなかったり、家族の中で幼いころから緊張をしいられていたということが大きく左右しているかもしれません。父母にきつくとがめられたり無視されたりして育ったからでしょうか、すぐに魂が抜けたような状態になってしまいがちになるのがとても目立ちます。その一方で、別の子どもをいじめたりするときのやり方は、自分が親からされることにそっくりです。

人には「そんなことはやっちゃいけないんだよ」というのに自分はそれをしたり、「食べちゃいけないんだよ」といいながら自分は取って食べてしまうような子どももいます。それは、その子の両親が、「こういうことはしてはだめ」ということばを使い、子どものしつけのためと思いながら、実は、長い間、自分自身が未処理のままにしてきた怒りのエネルギーを子どもに向かって出してしまうからです。子どもは、からだでは納得できないのに、暴力や否定的なことばを浴びせられていくうちに、身動きがとれなくなってしまいます。だから、自分のことは棚に上げて、人のことを始終うるさくとがめたり、暴力をふるったりしてしまうのです。そうなると、子どもたちどうしの人間関係が険悪になってしまいます。

そういう子どもは、とにかく全面的に受け入れてほしいという強い欲求をもっています。母親自身が受け入れられなかったことの悲しみや怒りを、子どもがそういう形で表現しているのですから、「そんなことをしてはだめ」といくらいっても仕方がないのです。また自分の子どもを虐待している親は、驚くほど自分が子どもに対してしたことには鈍感です。なのに、自分の子どもが他人に何かされることについては本当に敏感です。自分が親から同じようなことをされたのだから、自分がわが子にすることはよしとする、という気持ちが働いているのかもしれません。

どうして親は、自分がわが子に対してしていることが見えにくくなったのでしょう。小さな子どもは、どれだけひどい虐待をされていても、親を好きだと思わなければ生きていけません。親を受け入れられないということは、自分が親に捨てられた状態であることを認めることになるからでしょう。子どもの立場は本当に弱いものです。親にきらわれないよう、一生懸命な子どもの姿は本当にけなげです。どんなに親から虐待されても、親を守ってきたのです。それがある時期をさかいに憎しみに変わります。少年期や青年期を迎え、なぜだか分からないまま、心やからだが苦しくなり、その原因を追求しているうちに、小さいころから親を守ったりかばったりしてきた自分が見えてき、本当はそんなことしたくなかったのに、と情けなくなってくるようです。

授業の中で、そういう子どもに対して何ができるでしょう。関節がかたくなっていればほぐす体操をすることもできます。からだとからだの接触を多くとることも必要でしょう。そういうことはちょっとした時間さえあればできるし、子どもたちも飛びついてきます。きっとそれだけ不安なのです。自分は先生から受け入れてもらっていると確認することで、自分は完全に見捨てられているわけではない、という希望を持ちたいのです。しかし、それはしょせん親の愛とはちがいます。親が子どもを受け入れられるからだになっていくために本気で努力しつづけることが、わが子へのいちばんの恩返しなのです。子どもが親からの愛をあきらめる度合いが少なくなったことが、最近の親子関係において起きている最大の変化でしょう。

◉チャレンジする意欲を育てる

子どもたちの心の中で渦巻いているとてつもなく大きな怒りと悲しみ、あきらめ、不安、おびえ。このことに授業というかたちでとりくむとしたら、私は、いま劇のようなかたちも一つの方法だと、大切にしています。あるいは、絵や運動、歌で表現してもいいのです。こういう子どもたちの感情をただやみくもに放出するのでなく、より深く生きるエネルギーに変えていくことに根気強くとりくむ必要があります。これらの感情を、芸術やスポーツ、遊びの中で表現することで生きていく充実感に変え、またそれらを通して根気強く人との関係をつくり、そこで出会った関係をさらに発展させ、次の新しいものに挑戦していく原動力にしていくのです。

最近、子どもたちの言葉かけが否定的な形をとるようになってきました。たとえば、「遊びに行こう」「いっしょに遊ぼう」ではなく、「遊びに行かない？」「今日いっしょに遊ばない？」という言いまわしをとるのです。どうしてこういう言い方になるのでしょうか。そこには、一見相手の心の中をうかがい、相手の思いをまず尊重するように見えて、実は自分に自信がないため、こんな私でも遊んでもらえますか、仲間に入れてもらえますか、とごきげんをうかがう、あなたまかせの気持ちがとても強く働いているように思えます。「遊ばない？」と聞くから、「遊ばない」という答えが返ってきます。「遊ぼう」というふうに肯定的になってくると、雰囲気も肯定的になり、イメージもその方向に向かうのです。

また、声も極端に内側にこもっています。からだを見ても、「遊ぼう」と声はかけているのに、からだはおっかなびっくり後ろに引いています。相手が自分を受け入れてくれるかどうかがいつも気になって、不安なのです。不安は限りなく不安を呼び、自分から現状を変えていく力や、人に働きかける力にはなっていきにくいのです。そういう子どもたちが、からだはどんどん大きくなり、性エネルギーが高まってくると、自分が「人と関わりたい」「人とともに成長したい」と思う状況にいなければ、そのエネルギーがたちまち内、外に暴力となって向かってしまうのは当然のことなのかもしれません。

子どもたちが親にいうべきことをいうことがどんなに重要なことか、人と関われないでいる若者や親を見ていると思い知らされます。親に対して思っていることがいえないことは、子どもにとって大変な屈折を心の中に生むことになるのです。その屈折のパターンはからだに入り、さまざまな局面で吹き出してきます。子どもが親にいうべきことはきちんといい、それを受け止めることができるところまで親が成長していれば、子どもは自分や他者ともっと素直に関わり、肯定し、自分の能力を育み、発揮していくことができるのです。親に対して思っていること、感じていること、納得がいかないこと、疑問に思うことをいうというごく当たり前の関係が、親子の間でできていないということが、子ども時代だけでなく、大人になっても、親になっても、驚くほど大きな影響を及ぼしているのです。

納得できないまま親から屈伏させられることが続くと、子どもたちはだんだん屈服するかどうか葛藤するのではなく、感じなくなり、自己決定も判断もにぶっていくのです。こういう状態をあまりにもたくさん見てくると、つくづく子どもが親に対していいたいことをしっかりいえる家庭をつくることの大切さを痛感します。このいえない傷は驚くほど大きく、思春期の子どもの成長を止めてしまうばかりか、一生続き、大人になっても人と組んで仕事をすることができにくい人間になっていくのです。

今の子どもたちのなかには、先生のいうことを聞くということは、親に屈伏することと同じだ、という意識が強く働いている子もたくさんいます。親と教師は別の大人だと分けられないのです。むしろ先生に対してのほうがそういう気持ちを親に対してよりも出しやすいのです。それは本当のことを親にいったら見捨てられるという不安と恐怖が強くあるからかもしれません。ところが多くの親は、わが子とは何でも親しく話ができていると思い込んでいます。子どもは、いろいろな話を親にしているように見えても、じつは一番いいにくいことはいっていないことが多いと思ったほうがより実態に即しているといえそうです。

◉いいたいことをいってみる

こんなことがありました。遅刻する子どもがいたので、遅刻させないよう母親に注意したところ、母親は「子どもの起きるのが遅かった」といいました。そこで早く起きるように子どもにいうと、子どもは「お母さんがお弁当をつくるのが遅れたから」といって、子どもは母親のせいに、母親は子どものせいにするのです。それぞれの言い分が見事にくいちがってしまいました。寝坊をしたのなら、そういえばいいのです。なのに、親も子も、自分の責任ではなく、人の責任のほうにもっていこうとしてしまいます。

正直でなく、人のせいにするということを、この子は親から学んだのでしょうか。こうなってくると、この子はこれから先、さまざまな場で本当のことをいえないようになってしまいます。親が何でもざっくばらんにいっていれば、子どももいえるようになっていくでしょう。もちろん親の中には、一見何でもざっくばらんなようで、肝心なことについては決して本当のことはいえない人もいます。自分の心は、しっかり自分で見るしかありません。そして時には他者のフィルターで自分を濾過してみることも必要なのです。

本当のことをいったら人間関係がうまくいかない、ぎすぎすするといった感覚がある人が多いように思います。かつての村落共同体の頃のような、とても狭い共同体のなかでの習慣をいまだに引きずっているのかもしれません。おそらくそれは遺伝子レベルのトラウマになっているのでしょう。さらに、本当のことをいってうまくいった経験をしたことがないことが、その心に追い打ちをかけます。親や大人に対して本当のことをいうことを許されなかった子どもが、いらいらして、むかついているのは、何もいまの子どもに限らないということをほとんどの大人は知っているはずなのに、すぐ「今どきの子どもは」という表現をします。そう表現するのは、自分の中にも切れる要素をもっている現実を見たくないからでしょう。

どの年齢層にも、相手に対して突然怒りはじめるようなことがますます広がっているのを見ると、長い間蓄積させてしまった問題があることに気づかされます。親は自分の子どもとの関係を、できるだけ子どもの実態に則して問わなければなりません。そのためには教師や友人や第三者の力が必要でしょう。私たち日本人は、自分の思ったことや感じたことを、正確かつ冷静に相手に話す訓練ができていないことを自覚し、このとりくみは容易ではないこと、一つ一つが訓練、練習、学習なのだと覚悟できた時、この問題は少しずつ進展していくでしょう。

話すことの訓練や学習をしたことのない者が相手の話したことばを聞くときの注意点をあげておきます。大人も子どもも、まずは相手が口にしたことば通りのことがいいたいわけではない場合がよくあることを知らなければなりません。日本語はとてもおたがいの言葉の奥を探り合う表現が多く、他者と自分との境界がすっきりしていないのです。もちろんお互いが自分の話すことばがことばどおりの意味になっていく練習をしなければ、なかなか話はかみ合いません。また、日本語はいわなくても分かりあえることを美徳とするものを前提としているように思えるほど、他者と自分を区別しない母音を主流とすることばをもっています。第一、相手のことをさす「お前」「手前」といったことばはいずれも「御前に」を意味し、「あなたの前」である自分をさしているのです。ことばとしてこういう形で残っているほど、あなたは私、私はあなたとなり、境界を引くことがとても困難であるということを覚悟しなければなりません。

◉子どもに限りない関心をもつ

子どもたちの学べる状態を完全に整えてから学ばせようといっていては、前に進みません。賢治の学校には、黒板に教師が書いた字を書き取ろうとしなかった子どもがいました。一年の頃からずっと何も書かないできたようですが、二年生になったいまでは、何ページにもわたって黒板の文字を全部書き写せるようになりました。少し助けてやればできるのです。でも、時にはできないこともあります。

授業を見ていると、担任が、その子に対して「ちゃんとして」といった気持ちになっている時のようです。たずねてみると、やはりそうでした。「それはあなた自身の問題だ」と担任にいいました。授業中、担任はその子の横ではげまして字を書かせようとしていましたが、途中でその子が怒って、ばんと担任をたたいたのです。

どうしてその子どもがそういうことをするのかを考えるより、他の子どもたちはみんなできるし、自分も子どものときには普通にできたのに、その子どもがきちんとできないのはなまけているからだ、あるいはわざと私を困らせるためだ、という思いが自分の中にわき上がり、それが怒りとなってからだをかけめぐっているのかもしれません、と担任も自己分析をします。もちろんそれだけでなく、その子の幼児期の親との関係も大きく影響しているのですが、この担任のいう通り、教師の怒りの心が子どもに伝わり、子どもが反発するということは起きてくるでしょう。

しかもそういう状態なのに、担任は一見根気強く、優しく、子どもを励まし続けてきたのです。その矛盾やウソを子どもは見抜いているのです。また、もしかしたらその担任は、自分は子どものころからちゃんとしてきたつもりでいるけれども実はしたくないのにさせられていたのかもしれないのです。だから、いうとおりにしない自分と違う子どもを見ると、怒りが出てきているのかもしれない、と考えてみることも必要でしょう。子どもというものは、本質的に大人のウソをあばくことに執念のようなものをもっているようです。そのことに大人が耳を傾けないと、子どもは怒りをあらわにしたり、あきらめて無気力へと自分を追い込んだりもしてしまうのです。

もし担任が、自分と違った表現をとる子どもに対する興味があれば、目がちらちらして黒板とノートの字が対応できないのか、気持ちが落ちつかなくて黒板のどこを読んでいたか分からなくなってしまうのか、対応そのものが無理なのか、書くことに意味を見いだせないほど頭のほうが働いているのか、まるで関心がないのかといった原因を考えることについて、関心もわいてくるでしょうし、それが分かってくれば問題にとりくむ意欲がわいてくるはずです。また、この子は口がとても達者なので、手足がそれについていかないのがまどろっこしくて書かないのかもしれません。日本語は、ある速さで字を書く能力がないと、表現することがとてもまどろっこしいものになってしまうのは大人にとっても同じでしょう。こういうふうに子どもの実態をもっと探らなければなりません。

書くことの面白さをこの子はどうやって体験していくか、さまざまな方法を考えてみる必要があります。手で書くからこそ、過去のできごとを思い出したり、自分のなかで確認できたり、自分が充実したものや納得するものが生まれるという体験をすると、書くほうに向かえるかもしれません。そこに行くまでには、ある程度の速さでスムーズに書けないと、書くことが負担になってしまって、なかなか進まなくなってしまいますから、ある程度の書く訓練も必要なのですが、これについては教師（大人）に対する信頼がなければ、子どもはとりくもうとしないのです。要するに、教師は、人間としても「教師」としても、子どもに対してどういう関心を持つかが大事なのです。教師の態度の中に、「どうしようもない」「いいかげんにしてほしい」といったものがちらっとでものぞくと、子どもは敏感に察知します。どうしてその子どもがそういうことをするのかということに教師が興味を持ちはじめると、子どもとの関係もどんどん変わっていきます。

教室という空間においては、教師は自分の中にわいてくるいろいろな感情や納得のいかなさといったことを、自分自身の問題として分析する必要があるのです。子どもの中に何が動いているのか、自分の中に何が動いているのかを問いつづける教室という空間は、ある意味では自分自身や子どもと向き合う修行の場でもあるといえるでしょう。教師は悟る領域にまで自分を高めないとできない仕事であることが分かってきます。

◉なぜ学校に来るのか

まず教師が勉強し、子どもたちのからだや心に応じて、その学年にふさわしい学習内容をつくっていくことは容易ではありません。教師たちの中には、この段階の研究努力を放棄して、すぐに教科書に頼ってしまう教師がたくさんいるのかもしれません。残念ながら、学習指導要領や教科書には、人間はなぜ生まれてきたのか、人間をどう見るのか、人間はどのように成長していくのかといった人間観がありません。ですから授業をする教師に人間観がなければ、教科書を子どもの命の道に位置づけることができず、これに頼ってしまうことで、子どもからのメッセージを読み取るどころではなくなり、教えることが理解できたかどうかに偏り、一方的に教えることに忙しくなってしまいます。

そして教科書にある内容をすべて教えていこうとすることで、子どもの内的成長と授業がますます遊離していきます。時間は限りなく不足し、思ったように反応しない子どもがいると、あせってさらに時間をとられてしまい、ついには何のために授業をしているのか、その単元は子どもの成長とどう関係しているのか思考しなくなってしまうのです。また、教師が最初から回答をもっていて、その通りにいわせよう、いわせようとすると、子どもは授業が面白くなくなっていくのです。先生が想定している答えを見抜くことができる子どもは、その通りに答えてやりすごすこともできますが、それができない子どもはだんだん自分をあきらめ、ついに、「自分はだめだ」と思うようになるのです。こうしてみると、人間観をもたないで授業をくみたてると、教師自身が子どもに何のために何を教えるのか、というはっきりした意識をもてないままで終わってしまっていることが見えてきます。

私は、私の中から湧いてこないものを授業にしていません。これを教えることになっているから教える、というものは一つもないのです。教師の中には、自分のからだや心と切り離して授業をしている人がいますが、本当は教師自身の内側からそのことに対してわいてくる内発的なものがなければ、授業をしてはいけないのではないでしょうか。ですから、教師自身がさまざまな興味や関心をまずは自分がもち、それをさまざまな領域のものや子どもたちの心やからだ、魂とつなげて体系づけていく見通しがなければ授業にはなっていかないのです。とくに小学校の教師の場合、全領域のものがつながりあい、生き生きとその出番を待っている状態でなければ、授業にはならないのです。

教師にとって、なぜ子どもたちがそのように反応しているのか、子どもたちはどこをどういうふうに考えているのかを考えることは大変おもしろいことです。いつも正解を求めて、自分の思いどおりに子どもが答えないとどうしたらいいか分からなくなるようでは、授業は成り立たないのです。思いどおりに子どもが答えないところこそが、授業として組み立てる必要のあるところなのです。

ある意味では、最初から正解をいう子どもをつぶしていく授業を展開しなければいけません。その子どもはいったいどのくらい分かって答えているか、確認する必要があるのです。教師の投げかけた内容が子どものからだをはずませないようであれば、そもそもその内容は授業すること自体が無理であったのか、導入や展開のしかたに問題があったのか、テーマそのものが子どものいまのからだに合っていなかったのか、考えてみる必要があります。

ただし、生活にすぐ関係しているわけではなくても、抽象的に順を追って考えていくことのおもしろさは高学年になると学ぶことができます。私は、大人になってからは日常的に使わないことが分かっていても、幾何学が好きでした。どうしてこういうふうになるのか、五角形にしても六角形にしても、そのかたちをつくった宇宙の法則の不思議さにからだの無意識の部分がひかれていたのでしょう。学べば学ぶほど、不思議なことや分からないことが増えてくる、と思う子どもをつくるために授業はあるのです。どこまで行っても、分かるところに行き着かない世界にふれることを楽しい学びと感じるのが人間のおもしろいところです。

日々の授業を通して、いろいろなものが子どもたちのからだのなかに蓄積されていきます。教室という空間では、自分一人の力では体験できないことや世界を、子どもたちは体験しているのです。子どもが自分でできることなら、何も学校に来る必要はありません。学校に来るということは、子どもが自分では体験できない機会をもつということなのです。

2　「学び」のはじまり

中村博紀さんのレンゲ田んぼで田植え

ものには名前があることを知った瞬間から、子どもはさかんにただ指さしたり、たどたどしいことばで「あれは何?」とたずねはじめます。どうして子どもは聞きたくなるのでしょう。おそらく誕生後の子どもたちにとって、まだ世界は母体の内外も、自分の内界、外界も、天地も、混沌とした一体そのものだったのでしょう。それが、なめたり、ふれたり、ふれられたり、ぶつかったり、声をかけられたり、跳びはねたりなどしていく中で、少しずつ外界と内界が分化していき、やがて内と外に向かって積極的にかかわりはじめ、認識を広げ、深めていくのではないでしょうか。

名前を聞く行為は、外界にふれ、ふれた外界を認識していくという驚きの行為といえるでしょう。ヘレン・ケラーがものには名前があることに気づいた瞬間、つぎつぎとサリバン先生に聞いてゆく有名なシーンがありますが、それと同じような状態なのでしょう。名前を知るということは、そのものが自分の中に流れ込んでくるという、内と外とのスパークが起きている状態なのではないでしょうか。こうして、外界が一つ一つ名前をもって区別できるものの集合体として認識されていくのは、ただ名前を知るというレベルのことではなく、内なる命と対象への積極的かかわりのはじまりともいえます。

とはいっても、私たちは子どものときに不思議だと思ったのに、大人になるまでにとくに調べたりしないままにしていることもたくさんあります。それを知らなくても、生きていく上で間に合っていたからともいえますが、間に合うような生きかたをしてきたともいえます。そのままにしておいていることは、もちろん私の中にもたくさんあります。ところが、ふとしたきっかけで、突然、忘れてしまっていた疑問を調べてみたくなる時もしばしば訪れます。

考えてみれば当たり前のことですが、世界のことをたくさん知っている人も生きていれば、知らない人も生きています。その差はとても大きいともいえますし、ほんの少しということもできるでしょう。知ることで失うものもあれば、知ることで広がる世界もあります。からだはその両方を無意識のうちに天秤にかけて、人は次々と知るほうを選択してきた歴史を持っています。では、授業はいったいどんな役割をもっているのでしょうか。

私は、子どもたちに知識を覚えこませ、評価するために授業をしているわけではありません。知識や理解は、子どものからだがその自然を失わなければ、その命にとって必要な分だけ自分のからだにとりこんでいきます。内容によっては記憶の奥に沈めてしまうこともありますし、浅いところにしまいこみ、すぐに取り出せるようにしているものもあります。子どもたちのからだは、その命の道に従って、必要なものを内側にしまいこんでいきます。

ただし、本当に必要なものを必要に応じて取り出せるようにしまいこんでいくのは、からだがやってしまうことです。意識してそれを整理することがどのくらいできるのか、いまの私には分かりません。内容によっては、内側のいろいろな要素と絡みあい、発酵していくのを待つしまわれ方もあるでしょう。でもそれはこのからだがやってしまうこと、この命がしてしまうことなのです。しかし、たとえそうであっても、教師は、すぐには外に現われないこと、つまりからだの中に深く沈んでいくことがはかり知れないほどあることを視野に入れておくことも大切なのではないでしょうか。

子どもたちにとって、この世界のさまざまな現象は驚きに満ちています。「これは何」「どうして」から深く学ぶ学習までは、一本につながっているのです。ところが、いつしか試験のための勉強になってしまうことでこの驚きが色あせ、やがてなくなってしまうことが起きてきます。覚えこまされることが、やがて命の道をはずれてしまうことにつながり、自分自身が不思議に思ったことのおもしろささえも失せていくのです。もっとも、人によっては、試験勉強をきっかけとして深まることもあることをまったく否定するわけではありません。

また、子どもたちが「どうして」「なぜなの」と大人に聞くのは、ただくわしいことが知りたくて、さまざまな疑いを大人に投げかけているだけではないでしょう。コミュニケーションの一つとして手ごたえが欲しいことも理由の一つでしょう。しかし、その奥にはもっと詳しく知りたい、謎を解きたい、未知の世界を知っていきたいという限りない興味が動いているように思えるのです。

私たち大人に子どもたちが自分から話しかける話題の一つが、「なぜ」「どうして」からはじまるということは、とても興味深いことです。人間が人間であることの本質がそこにはひそんでいるように思えます。もちろん、私たち大人は何でも分かるわけではありません。それでも、子どもたちは、自分のいだいた疑問に真剣に答えようとする大人に出会うと、手ごたえを感じ、安心する気持ちが働くのか、次々と「なぜ」「どうして」を連発するようになります。時間割のなかに、「どうしての時間」という考える時間を組み込んでみてもいいとさえ思えるほどです。そういう時間をきっかけとして、子どもたちは自分の学びの道を探し、つくり出しているともいえるのです。

子どもの命は、いま興味をもっていることと無関係に大人から無理やりさせられると、最初は世界への興味や関心にキラキラしていた子どもでさえ、学ぶことをしたくなくなるのです。そうして、させられること、禁止されることにうんざりしている状態になっていき、わざと拒否したりして抵抗するのです。教師が子どもの興味を無理に引き出そうとするのではなく、「そういうことを聞きたかった」「そういうことを考えてきたけど、その先が分からなかった」といったものが子どもたちの前に投げかけられ、深められていけば、子どものからだは限りなくそれにくらいついていくのです。

子どもたちが大きくなるにつれて世界に対する興味を失っていくように見えるのは、人間関係をはじめ、他のことに忙しくなるからでしょうか。しかし、その人間関係をつくっていく土台の力を、算数、社会、理科、国語、図工、音楽、体育、オイリュトミー、言語造型などを通して育んでいくのです。その中で心とからだを育て、考える力や感じる力を深め、さまざまな角度から関係を深める力を養うのです。また、ものをつくったり、運動したりすることで手足やその指先が頭とつながり、心やからだもバランスよく動くようになっていくのです。そして遊びや仕事を通して人を見ぬき、人とのかかわりも工夫できる力が育くまれていくのです。そういう授業にしなければ、子どもたちにとって無意味になります。

子どもたちは、何でも自分の思いどおりになることだけを体験したがっているわけではありません。内界も外界も自分の思いどおりにならないことがたくさんあるという体験も大変重要であることも付け加えておきましょう。それは具体的な体験を通してしか学べません。幼いころにふれた人間の力を超えた大きな自然の力の存在との出会いは、一生、子どもたちを自然に対して謙虚にするでしょう。また、大きな自然、宇宙の存在や力への畏敬の念も自らわきあがってくるようになるでしょう。

そこまでていねいに一人の子どもを見つめることは並大抵のことではありません。賢治の学校の十二人の子ども相手でも大変なのですから、一クラスに何十人もいるような学校では大変なことでしょう。教師たちが、問題が起きないようにクラス全体を見るだけでもたいへんなエネルギーを使っているのが現状かもしれません。いま賢治の学校では、十二人の小学生を、私を含め、四人の教師と実習生たちで見ていますが、それでも子どもたちの肝心な心の動きを見落としてしまうことが多々あるのですから。

また、三〇人のクラスのうち、二〇人ならきちんと見られるということはきっとないでしょう。結局、三〇人全部がじゅうぶん見られないのが実情ではないでしょうか。それぞれの教科ごとに子どもをおおまかなかたまりとして見るのではなく、一人一人の子どもの状態を見るのは大変です。何らかの集団行動であればできるでしょうが、一人一人の子どもたちがどうしてそういう状態になっているかを考えるのはむずかしいでしょうし、そういう時間もとりづらいでしょう。私が公立学校にいた頃は、事務や会議のあいだをぬって教室に行き、授業をする、というような状態でした。それは本当の意味での教師の仕事ができるような状態からはほど遠いのではないでしょうか。

◉学びのプロセス

子どもに何かを教える以前に、教師自身が、人間存在も含めた世界の不思議に深い関心を抱いているかどうかが問われます。美しいものを美しいと感じ、心をとめて味わうことがあるでしょうか。道を歩いているだけで、さまざまな不思議に出会います。

あざみは、はじけるとたんぽぽよりも大きなきれいな銀色の綿毛になります。長い毛の美しい綿毛を下からふうっと天井まで吹いて、落とさないでどれだけ浮かせていられるか子どもたちと試してみました。最初は一つだけ、次は二つ、三つとだんだん増やしていきました。それだけの綿毛がゆっくりと落ちてくる時間を、からだで体験していくわけですが、それでもタンポポよりはるかに落ちる速度が早いので、うかうかしてはいられません。少しでも息が強すぎると、乱れて、上に浮き上がる調子が狂ってしまいます。こういう遊びを通して、綿毛の軽さのなんともいえないおもしろさを味わい、楽しみます。と同時に、どのくらいの息ならきれいに綿毛が浮くかに工夫をこらし、息を微妙にコントロールするようになります。

息の強弱や長短が、ことばに命を与えます。歌うときに息を吐いたり、とっさに吸ったり、朗読のときに読点で息を吐ききり、たっぷり吸って次のことばを語ったりするときにも役に立ちます。読点に関係なくやたらと息を切るのと、読点まで息をつなげて読むのとでは、からだのなかの状態はぜんぜん違います。慌てて次を読もうとしないで、一つ一つのことばを言い切っていくと、その瞬間をしっかり生きている自分のからだをリアルに感じることができます。

子どもは本来挑戦することが大好きです。イチロー選手は、子どもの心を忘れなかったように思います。何かに挑戦している人は、つねに自分自身に対して肯定的で、自分への要求の仕方がうまいのでしょう。いきなり無茶苦茶な要求をしても、到達できずにくじけてしまうだけだということを知っています。目標を見てはいても、からだのなかでそれに至るための段取りが分かっているのです。子どもに対して、そういう指導をすることが大事なのです。

いきなり飛躍することを優先しようとすると、目標を見るだけで疲れてしまい、やる気が出なくなってしまいます。そうではなく、順序をふんで、積み重ねていく体験をする必要があるでしょう。「そんなのむずかしくて大変だ」と感じさせるのではなく、「ああいうふうにしたいなあ」と感じさせ、そこに至るためには一つ一つ積み重ねていくおもしろさがあるということを体験させるといいのです。むずかしいのは、何をどう積み重ねていくか、どう工夫するかを指導者が分かることです。

また、子どものころには、自分の思いどおりにならない体験も必要です。それをこつこつ努力して、可能にしていくための時間を補償しなければなりません。それには単純なくりかえしを喜びとする幼い時期が効果的でしょう。これを体験しておくと、少年少女期も思春期も、これが当たり前のように続いていくのです。また、これとは別の意味で、思いどおりにならない体験を、人との関係や自然との関係の中で重ねていくことも重要であることを見落としてはいけません。自然は人間の力をこえた大きな力をもっていること、思いどおりにはならないことを、身をもって体験することによって、自然との距離のとり方、つきあい方を工夫する必要をからだは自然に知っていきます。

こういうものがからだの中にある人とない人とでは、自分自身の見方が違ってきます。人間をこえた大いなる力の存在を知ると、人間の力を過信することの抑えがきくようになるのではないでしょうか。

◉総合学習の可能性

公立学校でもようやく総合学習が話題になり、取り入れられるようになりました。子どもたちのからだは、ここが算数、ここが社会科、ここが理科などと分化しているわけではなく、からだ丸ごと、全身の働きですから、もともと学習は総合学習が当たり前なのです。私の三〇年間の教師時代の授業は、最初から総合学習といえるものばかりでした。子どものからだに引き寄せてみたとき、教科としての境界線を引く必要がなくなることがしばしばありました。ですから、私にとって総合学習ということばは特別新しいものではありません。

しかし、いま学校があらためて総合学習ということばを使って、個々の教師に授業の見直しを余儀なくさせているのはとてもよいことです。この提案には豊かな可能性があります。子どもたちのさまざまな姿が見られるでしょうし、とりくみ方次第で、子どもたちの活動も活発になるでしょう。授業をきっかけとして、子どもたちがいろいろなことに興味を持ちはじめることも起きてくるでしょう。子どもが自発的に持ってくるものだけで、教師が図書館に行かなくても十分なほど、さまざまな情報や資料、教材が集まってきて、教師にとっても日々いい学びが展開されるかもしれません。

私が公立学校で教えていたころのことです。よく授業参観に外部の人がやってきました。その人たちの多くは、子どもたちに「今日は何の授業ですか」と聞いていました。聞かれた子どもはそもそも教科で分類してとらえる必要がまったくないわけですから、「分かりません」「全部だよ」と答えるのです。また、「今の授業は何の教科だったんですか」と聞かれた子どもの中には「そんなことは考えたことがありません。全部です」と答える子どももいました。子どもにとってみれば分類する必要はなく、深く学べる喜びこそが重要なのです。特別に総合学習などといわなくても、子どもたちのからだにとってはこういう授業が普通になっていたのです。

また、公立学校にいたころは、一人の子どもの担任をする期間は一、二年といった短い時間でした。そんな短い時間で、教師がすることが子どものからだにどれほどの意味を持つのか、よく考えたものです。賢治の学校では、担任が変わらないことによって、継続的に子どもの成長を見ていくことにとりくんでいます。いうまでもなく、これは教師が力をつけなければとても恐ろしい結果を招くことですが、あえて挑戦しています。だからこそ、授業のあとの研究会はとても大事なのです。

日々の授業を通して、遊びながら世界に触れたり、世界に触れながら遊ぶことを続けていくことが、子どもの命やからだにとって公立学校のやり方とどう違っていくのか、とても興味があります。また、賢治の学校の授業では、子どもの「集中と解放」、「呼」と「吸」のリズムを大事にしています。つまり、大きな呼吸としては、授業の中にひとかたまりずつ集中する時間と解放する時間をもっており、そのひとかたまりの中にさらに集中と解放が細分化されて含まれます。こういうつくり方の授業では、子どもたちのからだは深い集中と解放を、呼吸のようにくりかえしていきます。

子どもたちのからだにとっては、どのくらい息を深くして授業に集中しているか、どれだけ耳をすまして自分と他者の声を聞いているかが大切です。呼吸を大切にし、耳をすましからだをすますなかで、自分の話しことばにしたり、書きことばにしたり、音にしたり、絵や動きやかたちにしたりしていくのです。そういったことを通して、他者と出会い、宇宙の秩序、人間社会の秩序とも出会っていくのです。

子どもが深く呼吸できないでいると、どうなるのでしょう。たとえば、大人になっても自分は人からどう見られているか、どう評価されているかといったことばかりが気になって、自然な身動きがとれなくなる人がたくさんいます。また、人の前で緊張しすぎて、鼓動が早くなり、息が深くからだに入ってこない状態になって、パニックになる人もたくさんいます。私たちのからだは、ゆったりリラックスしていると、心臓がゆっくり動くので、息が深くなります。深いところからの呼吸ができるようになると、深く感じていることが、ことばや音になります。とにかく早くいおうとすると、口先だけになってしまったり、どもったりすることも起きてしまいます。それでは自分が本当は何を感じているのか、何をいいたいのかを探ることもできず、人の話も聞けなくなってしまいます。

ですから、教師は、授業中の子どもの呼吸がどういう状態になっているのかに注意を向けなければなりません。呼吸が深くなると、からだがやわらかくなります。そうして肩がおり、横隔膜もおり、息も深く入ってくるようになります。ゆったりして肩がおりている状態は、元気がなくて前かがみになっているのとは違う、集中度の高いリラックスした状態です。どのくらい集中しているかは、子どもたちの背骨がはっきり語ってくれます。元気がなければ、胸が落ち、肩が前に落ち、頭も落ちてしまいます。そうなると目までとろんとして、上目づかいになったり、視線が泳いだりしていきます。背骨がすっと立ち上がってくると、相手をまっすぐ見、目もぱっちりとし、いきいきしてきます。

ゆっくりと深く受け止め、同時に集中力があり、動きや反応がスピーディでもあるというからだをどうしたら授業のなかで保証できるか、私たちは真剣に考えています。呼吸が深くなるということは、それほど重要なことなのです。

◉植物の不思議にふれる

高学年になればなるほど、からだは次第に身近なものをも多角的にしっかりととらえ、認識していこうとします。また、教師の働きかけによっては、認識したものを動きとして表現してみたり、絵として表現してみたりしたくなるものも生まれてきます。春は命の萌える時。子どもたちの命もたくさんの命と呼応し、はずんでいます。そこで、子どもたちが毎日うたっている大好きな歌「あまがえるの歌」を手がかりにして、植物の葉や茎についてのエポック授業（一つのテーマを一～三週間にわたってとりあげ、深めていく授業）を四月にもってきました。この歌をうたうとき、子どもたちはアマガエルになったり、フキになったり、風になったりしますから、一年から五年までの合同の授業であっても、低学年の子どもも一緒に入れるのです。

かぜはさやかな　ターペンタイン
ふきのはやしに　くだければ
クランポン　クランポン
リリリリリ　ロロロロロ
リリリ　ロロ
それゆけ　パッセン　だいかいどう

アップルグリーンの　そらのかなたは
オパールいろの　ペネタのくもだ
クランポン　クランポン
リリリリリ　ロロロロロ
リリリ　ロロ
それゆけ　パッセン　だいかいどう
（丸山亜季）

賢治の学校のまわりの段丘の斜面にも木々の下にも、フキの葉が林を作って繁っています。

大きな葉はとても目立って、ポキンと折ればいい香りを放ち、子どもの帽子になったりかさになったりします。子どもたちがフキとどのように出会い、認識していくのか、興味がわいてきます。見ていると、やっぱり他の植物とちがう格別大きな葉が子どもの目をひきました。そこでフォルムに注目させてみました。私が先頭に立ち、子どもたちがあとについて動いてきます。透明のフォルムが床の上で動きになって生まれました。フキの葉のフォルムを動くことによって、フキという植物のかたちを、頭の次元ではなくからだの流れとしてもからだは認識するのです。

植物の葉の基部は上に立ち上がっていくものが多い中で、フキの葉の基部は、いったん下向きにおりていくフォルムをもっていることに気づきます。そうすると、「あ、ドクダミの葉の基部もそういうフォルムをしている」と、子どもが思わず声をあげ、からだの動きとしても共通するものを認識していくのです。フキの葉先は丸く、ドクダミはとがっていますから、葉先のフォルムの場合はさらにはっきり見分けられます。また色に着目すると、とても濃い緑があったり、黄緑がかった緑があったり、藍色にちかい緑があったりと、植物はじつに多様な色を持っていることを、絵を描くことによってさらにはっきりと体験します。私たちは、フキをゆでて煮たり、天ぷらにして食べ、味や香りを味わいました。

秋田には子どもの身長ほどもある大きなフキがあります。お店で買ってきて実物を見せると、子どもたちはみんな驚きます。その大きなフキも料理して食べました。匂いをかいだり、触ったり、絵を描いたり、食べたりといったことを、一つのものに対して展開していきます。教師は、その命への、その存在への畏敬をしっかりもち、ていねいに対応します。これは授業の中で、じつに重要なことです。

二〇年以上私がお世話になっている中村博紀さんという農家の方のたんぼに、今年も子どもたちと行きました。ちょうど五月の中旬で、レンゲが咲いていました。その頃は、日一日とレンゲの花が少なくなって、種ができていく時期でした。高学年になると、レンゲは空気中の五分の四を占める窒素を固定して根瘤バクテリアを育てる働きをすることを学びますが、本当にそうなのか根をよく観察してみました。すると、確かに根瘤バクテリアがさかんに働いてつくった瘤が根にたくさんついていました。そのおかげで肥料をまったく使わなくてもいい米ができるという話を中村さんからうかがったのですが、これも実際に田植えや収穫をしてみてはじめて確かめられることです。そこで、六月の初め、子どもたちは中村さんの指導で田植えをしました。そして十月七日の稲刈りでそれを確かめることができました。しかし、どうしてここまで見事に実るのかは、これからずっと先の学習です。

五月半ばのこの日に戻りましょう。子どもたちはみんなレンゲをつんで遊びました。匂いをかいだり、なめたりして、蜜の甘さも十分味わいました。よく見ると、ミツバチがたくさん飛んできているではありませんか。足に花粉の団子をつけて飛び回っているミツバチの様子も、間近で観察することができました。子どもたちはレンゲと遊ぶうちに、カラスノエンドウの花びらが十枚くらい集まるとレンゲの花の形になることに気づきます。教師が何もいわなくても、子どもたちは花びらの形からレンゲが「マメ科」の植物だとすぐに分かるところまで、観察できるようになっていました。教室では、レンゲの葉のフォルムもノートに整理しました。

また、すぐそばの畑に植えられていたエンドウマメの花や葉も観察し、それぞれに共通していること、違っていることを、実体験として確認することができました。レンゲと違って、カラスノエンドウの葉の先端につるがついているのは、強い茎をもっていないため、つるをどこかにひっかけないと上に伸びていくことができないからだ、ということにもすぐ気づきます。自分自身やとなりのものにつるを引っかけ、もつれあうようにして太陽の光を浴びるようにできているのを見ていると、人間とよく似ていることが分かってきます。

カラスノエンドウは、強い幹をもつ木のように自力で上に伸びていく植物とは違うことに子どもも気づき、つるの役割を学ぶことを知っていきました。そういうふうに、マメ科一つの世界も、細かく見ていくと驚くほど世界がうまくできあがっています。私自身も、毎回いまはじめて知ったかのように仰天してしまうのです。

このとき、となりの畑の苗床に稲が芽を出していました。そこで、植物には、発芽するとき、双葉で芽を出す双子葉植物と、一本の芽がのびる単子葉植物があるということが整理されていきました。子どもたちはこれまで自分たちのまいた種の発芽を観察し、比較し、ノートに記録していました。それぞれの芽を観察することによって、植物には二種類の芽があることが実際に分かってきたのです。そういうことの不思議さと美しさを、友だちとのかかわりの中でたくさん体験していくのです。

ところが、ここまで夢中になっていた子どもたちが、たんぼに沿って流れている小川でザリガニを見つけたとたん、心はすっかりザリガニ一色になりました。教師のねらいとしては、この日の授業はレンゲを見に行くことであっても、この瞬間から子どもにとってはザリガニとりが中心になってしまったのです。子どもから見れば、ザリガニとりの合間にレンゲ畑を見たともいえるでしょう。では、子どもたちの中の何がザリガニとりに夢中にさせるのでしょう。子どものからだが何に関心をもち、何に向かって動いているか、表現したがっているか、体験したがっているか、その興味の深さはどれだけかを見ることは、教師にとってとてもスリルのある楽しいことです。

さて、一方学校の下の畑でようやく発芽したレタスや大根の芽は、虫に食べられてしまいました。こういうように、食べて食べられてという関係に出会ったとき、大人がすぐに言葉で説明しすぎないことが大事です。「生きものは食べたり、食べられたりしているんだよ」といってしまうと、大人がまとめた言葉ですべてがいいつくされてしまって、子どもが自分で発見し、からだで深くそのことを体験することが阻害されたり、その作業が中止されたりしてしまいます。教師が知っているからといってつぎつぎに教え込んでいくと、子どもは教えられた言葉で整理するだけになり、深まっていきません。簡単にまとめず、事実だけをからだに沈めておくのです。

◉すべてが総合学習

三年以上農薬を使わない綿畑で取れた綿を有機綿といいます。人体にも安全で、大切にあつかわれています。そういう綿が見直されてきていることを、子どもたちに話しました。きっかけは、教室に置き忘れられた一枚の靴下でした。かなり汚れた靴下でしたが、持ち主を聞いてもだれも応えないので、家に持ちかえってよく洗濯しました。ごしごし洗っても毛玉もできないし、よりのよくかかった木綿糸も均一で、てごたえ、肌ざわりもよく、存在感のあるものでした。

そこで、綿の授業をすることにしました。五月に綿の種をまきました。芽の先端に、文字通り綿帽子の種皮をつけた、りんとした姿は、柔らかく、美しいものでした。やがて綿帽子はポロリと地面に落ち、みごとな双葉が広がりました。丸みのある双葉は何とつややかなのでしょう。しかし、この綿の茎が伸び、花を咲かせ、木のようになり、実を実らせるまでは半年近くかかります。この日、種をまいても、自分の育てた綿の実を収穫して糸をつくるのはずっと先です。

一枚の靴下から、普段着ているものの中には綿でできているものがあることを知り、どうやってそれがつくられてきたのかを知っていくことが大きな喜びになるような授業を教師はしなければなりません。綿のように短くたよりない小さな繊維を糸にすることを考えついた人間のすばらしさ、よりあわせる技術とその改良。糸から布へと線を面にしていくことを思いついた人間の体験が思考へと発展したすごさ。織る技術の進歩……。布づくりはどこをとっても感動の連続です。それを子どもがどのくらい体験できるかは、教師の腕次第です。授業では人間のみごとさとおろかさとを布をつくるように織りなしながら、自分とは何か、人間とは何かを深めていくのです。

また、子どもたちと一緒に、梅でジュースをつくって飲みたい、という強い希望をもっていた賢治の学校の教師仲間の藤村久美子さんが、氷砂糖と梅を買ってきました。久美子さんと子どもたちが梅を洗ってふき、大きなガラスのビンに、氷砂糖と交互に入れていた時、子どもたちが氷砂糖を食べたいといいだしました。そこで、私はちょとしたいたずらをしました。宮沢賢治の『注文の多い料理店』の冒頭の暗唱を要求したのです。

「わたしたちは、氷砂糖をほしいくらゐもたないでも、きれいにすきとほつた風をたべ、桃いろのうつくしい朝の日光をのむことができます。またわたくしは、はたけや森の中で、ひどいぼろぼろのきものが、いちばんすばらしいびろうどや羅紗《らしゃ》や、宝石いりのきものにかはつてゐるのをたびたび見ました。わたくしは、さういふきれいなたべものやきものをすきです」。

さすが賢治の学校の子どもたち。ちゃんと覚えているではありませんか。

しかし、ものがあふれている時代を生きている子どもたちにとって、賢治がどのような思いや感覚を働かせて、氷砂糖やびろうど、羅紗といったことばを書いているのか、分かりにくいかもしれません。私は、子どものころ、氷砂糖を母からもらうたび、日の光にすかしてみたり、なめては出し、なめては出しして、何度も日の光にすかしていたものでした。氷砂糖を宝物のように貴重に思える感覚は、いまの子どもたちには味わいにくいでしょう。物が豊かになったために、感じる力が貧しくなり、扱い方も粗雑になりがちで、思わずため息が出てしまいます。

梅については、次にどういう授業に展開するか、梅と私たち人間とのつながりを考えてみました。子どもたちと梅の表面を拡大鏡で見てみると、びっしりと細い毛が生えています。それが分かれば、桃にはもっと長い毛がびっしり生えていることにも気づきます。でも、すももには毛はついていません。葉や茎、実にとって、毛がついているものとついていないものの違いは何だろうと、毛の役割を考えることにつながっていきました。このように、すべてが総合学習といえるのです。

それぞれの生きものは、それぞれのやり方で自分の命を生きています。生きるために、じつに巧妙にできているのです。種も同じです。はじけて飛ぶ種と、綿毛のようにして飛ぶ種と、種の増え方にもいろいろあります。授業の展開を工夫すれば、そういうものが、「不思議だな」「よくできているな」と、子どものからだや心は動きだしていきます。そして、これらのしくみの一つ一つに心が踊るようになっていくのです。

これらの自然界のしくみのすべては、宇宙の惑星や星々とつながっていて起きていることです。このことに心が動くようになってくるということは、からだがその法則そのものをとらえられるようになっていくということでしょう。では、どうしたらそれを実感できるようになるのでしょうか。本来、子どもは余計なことさえされなければ、生まれたときから自分の命にとって大切なことを知っています。人と比較されたり、押しつぶされたりしなければ、花が花としてみごとに咲くのと同じように、命をまっとうしていけるはずだと思うのです。どの存在も、その一つ一つが長い時間の集積の中にあり、かけがえなく尊いものであることをからだで分かっていくためのとりくみの一つが授業なのでしょう。

この地上のものが、何一つむだなくつながりあい、宇宙ともつながりあって存在し、世界そのものもそのように存在し、自分もその一つとしてこの地上にいることに気づき、生きていることを体験できれば、自分の命も人の命もいとおしく、おもしろくなっていくのではないでしょうか。もちろん、そう気づき、感じるようになるには、緻密なカリキュラムと、長い時間をかけた日々のていねいな授業が必要であることはいうまでもありません。

◉文字を教える

わたしが教えはじめて一カ月ほどすぎたころ、まど・みちおの「あいうえお」という詩を授業に使いました。一年生にとって、はじめての文字の授業です。このとき、機械的にあいうえお、かきくけこ、さしすせそ、と五十音を教えていくだけでは無味乾燥です。この詩は、五十音の一つ一つがそれぞれのイメージをもって子どもたちのからだが動いていくように書かれています。

あいうえおは　あおいでる
あおい　うちゅうの　あおい　うえを
かきくけこは　かたくて　こちこち
かきっこ　くきっこ　かむ　けいこ
さしすせそは　すずしそう
さやさや　そよそよ　ささ　すすき
たちつてとたち　たてついてた
たてと　ついたて　つったてて
なにぬねのはね　ねないのね
なきの　なみだに　ぬれながらにね
はひふへほはん　はなはずかしい
はひひ　ふへへ　ほほが　はれて
まみむめもは　もう　むやみに　ねばつく
もっちり　むっちり　あめまみれ

やいゆえよは　やわいようよ
ぶよぶよ　ぷゆぷゆ　やわやわよ
らりるれろなら　ろれつが　もつれる
らるりり　れろりり　ろれろれろ
わゐうゑをは　おおさわぎだわ
わいわい　わやわや　てんやわんや

あいうえおは母音です。日本語の場合、どの子音にも母音がつくしくみになっています。この授業でも遊びとイメージを大事にして、一人がこの詩を二行ずつ覚えて、順番に回していきました。誰かがいうのを聞いていると、自分の分を忘れたりするのですが、それを何回か繰り返すうちに、聞きながら自分の分を覚えていくことができるようになります。それによって集中力がついてくるのです。

また、この詩を読んでいくとき、声に出して読むだけでなく、手とからだの動きで同時に表現していきます。そうするうちに、ことばは一つ一つの音の響きでできていることに気づいていきます。音はただの音ではなく、そこにさまざまな色や感情、怒りや悲しみ、あこがれやあきらめ、柔らかさや硬さ、鋭さやもろさ、強さや優しさ、甘さ、苦さ、すっぱさ、ねばっこさ、さっぱり感などを表わしています。また、その音をたっぷり出すことによって、そういう感情がわいてきたりもします。ことばを音としてもしっかり形成していくことも、自分を表現する上でもとても大切にしています。

音をたっぷり出していく詩の授業では、子どもたちののどが開きにくくなっていることに注意する必要があります。いつも歯をくいしばっている状態で、のどや口の中が狭くなっている子どもがほとんどなのです。こういう子どもたちには、ことばとしての音を出す訓練をていねいにする必要があります。いわゆる口形に注意するのではなく、のどの奥を開くことにとりくまなければ、それぞれの音がそれぞれの音の特長をもつ声として出てきません。息をはききっていく訓練をすることで、深く息を吸うことができるよう練習をすることが大事です。

これは演出家の竹内敏晴氏から教わった方法ですが、奥歯と奥歯の間に指をはさんでのどをあけた感覚をしっかり子どもに覚えこませ、それをキープして音を発するようにしていく指導も大切にしています。この方法は声が出るようになっていく上で、かなり有効です。竹内氏は「感情をこめて」という言い方について、「感情はこめたりこめなかったりするものではない」といわれています。つまり、ことばはその音をたっぷり出せば、感情やイメージがからだの中からわいてくるようにできているということです。竹内氏に出会って、私は、ことばの指導はまずその音をしっかり出させることに始まることを知ったのです。このことによってはじめてことばとからだは一つになり、からだから感情が自然にわいてくるのです。いや、感情ばかりでなく、意志力、形成力も育っていくのです。

日本語は母音の力が強く、母音のひびきは感情を引き出し、宇宙、外界と一体になるため、自他の区別をつけにくいという特徴をもっています。そこで、これからの子どもたちには、子音の力もしっかりと出せる力をつける必要をひしひしと感じています。個が個として生きていく上での個を形成していく力も、子音をしっかり出すことと深く関係しているように思えてなりません。シュタイナー教育でいう言語造型（ゲシュタルトシュプラッハ）にあたるものですが、この授業の必要性を強く感じ、オイリュトミーの子音の動きにも学びながら、私たちはとりくみを始めました。

◉子どものからだ

あるとき事件が起きました。教室に行くと、目を泣きはらした子どもやうつむいている子どもがいて、すぐに授業に入れる状態ではないことが分かりました。子どもたちに、ぱっときりかえて授業に入るか、そういう状態になっていることについて何が起きたのか少し話したいかたずねてみました。子どもたちは、どうしても気になるから、起きたことについて話しあいたいというのです。私は十五分くらいで話し合いを終わらせることを要求しました。「時間がかかりそうなら、別の時間にやろうよ」と。そして、だれかがこの話し合いで責められたり、ひとりぼっちになったり、つらい思いをするような内容であればやめる、という条件を出しました。話し合うちに、何が起きたのかはっきりして、話したことでみんなが元気になるのなら取り上げるけれども、そういう覚悟はできているかどうか確認した上で、事件を取り上げました。

同じものを見ても、見る人によってみんな違ったかたちに見えます。一人の子どもは「ボールをもっていたら、別の子がぱっとボールを取った」といいます。本人に聞いてみると、「彼女が取ったボールが顔に当たって痛かったんだけれども、それで泣いたわけではなくて、持っていたら別の子からボールを取られた」というのです。それを聞いていた他の子どもたちは、「やっているうちに遊びがエキサイトして、どんどんルールが変わり、すぐに投げないボールは取っていいことになった」といいます。ところが、そういうふうにルールが変わったと思っていた子どもが五人、思っていなかった子どもが三人いたことが分かりました。

最初にボールをとられた女の子は、ボールをとった女の子がつぎにボールを持ったときにそのボールを取ろうとしたのですが、「とっちゃだめ」といわれたというのです。人がもっているボールなら取ってもよくて、自分のボールは取ってはいけないといったということについて、それはいったいどういうことか、みんなで考えてみることにしました。

私は「自分に甘く、人に厳しい人は」と思わず子どもたちにたずねました。すると、全員が「自分はそうだ」というのです。それでみんなで大笑い。こういう笑いが話し合うときは大切です。そこで、遊んでいるうちにルールがどんどん変わっていくことはあるし、それがいけないことはない、それでもそれがどうしてもいけないというのなら、みんなでそういうルールを確認してから遊べばどうだろう、と話しているうちに、気持ちがすっかりきりかわったので、授業に入りました。

このように、どうしてもひっかかるものはその場で浄化しておかないと、それがたまると、子どもは「もういうのは止めた」「どうせ聞いてくれない」「どうせ問題にしてくれない」と、諦めてしまいます。その結果、本当はすごくこだわっている自分を抑えることになり、いろいろなものに対して意地悪になってしまいます。それが他者には厳しくなり、自分には甘くなってしまうことにつながっているのです。こういうことで発生する悩みで使うエネルギーは、頭や心を大変疲れさせます。

相手が何をいおうとしているのかを含めて、いろいろなことを読み取っていくことが学習です。また、人のことだけでなく、自分はどうなのかを知ることも大事なことです。そこまでつきつめると、思わず笑ってしまうようなことも起こります。おたがいよく似た者どうしだというこことが分かるからです。ごまかしの笑いではない笑いが出てくれれば、しめたものです。「お互いよく似ているねえ」ということをしみじみ味わうことも、とても大切なことです。

◉子どもの命の核に働きかける

教師にとって、この子どもはどこから来て、どこへ行こうとしている存在なのかということ、子どもの命の核にある「伸びていきたい」という部分に教師がどれだけ働きかけることができるかが、毎日問われています。そのとき、いちばん問題になるのは教師自身のありかたです。教師が生き生きしていないと創造的な授業はできません。また、自分にこだわりすぎていたり、子どもをていねいに見ていなかったりすると、そのときどきの子どもたちのからだに沿った授業はつくれません。教えたい気持ちが先走り、子どもが今この瞬間求めているものが何かということが見えなくなってしまいます。そんなことでは、子どもが創造的なからだになっていくはずがありません。子どもにふれるということは、同時に子どもからもふれられるということです。教師の存在のありようすべてにもふれているということです。

子どもが昔とは変わったとよくいわれます。生きものとしても、学制発布から一二〇年以上の間に、子どもの内側にある生き生きとはずんでくるはずのものがますます弱くなっていることは確かです。さまざまに評価され比べられることによって、大きく阻害されてしまったからなのでしょう。宮沢賢治は「どんぐりと山猫」の解説のなかで「必ず比較をされなければならないいまの学童たちの内奥からの反響です」と語っていますが、学校に対してじつに本質的な鋭い分析ではありませんか。

また、いまの子どもたちは、昔の子どもたちが半ばあきらめていた、自分をもっと大切にしてほしい、群れのなかに埋没されたくない、個々としてきちんと見てほしいという内的な要求を強くもつようになったように思います。また、自分のからだが感じていることを素直に表現するようにもなってきたため、かつてのような「いい子」でいることがむずかしくなりました。

昔の子どもがやってきたような「がまん」「あきらめ」「忍耐」の度合いが低くなったといえばいいのでしょうか。それをマイナスととるのではなく、自分を正直に生ききっていくステップの中で起きていることとしてとらえてみると、その子どもの伸びていこうとしている芽やエネルギーの方向が見えてくるではありませんか。

ところが、一方では自分のことにあまりにもこだわりすぎて、世界が狭くなったり、他者が見えなくなったりしている面もあるのです。さらに自分が他人からどう見られているか、受け入れてもらえているか、愛されているかがとても気になり、人とかかわることへの恐怖感を強くもっています。もしもそれがだめだということになると、「自分はどうせだめなんだ」「自分の気持ちなんか誰にも分からない」というふうになって、すぐに心を閉じてしまったり、他者を恨みや攻撃の対象にしかねません。

昔の子どもは、たとえそんな気持ちになっても、海があったり、川があったり、風が吹いたり、カエルがいたり、空を見たり、雨に打たれたりして、浄化されていく部分が多かったのですが、今の子どもにはその部分がとても少なくなりました。そういう子どもたちは、年配の人から見ればいつまでも小さなことにこだわって、なかなか外の世界に出てこようとしない自分中心の子どもに見えるかもしれません。しかしそういう若者の立場に立って見れば、心の悩みにエネルギーをとられて、自然までは目に入らないということも事実なのです。

人間が生きる上で、食べることがどんなに大きな割合を占めているか、食べものがあふれる時代を生きている人には実感を持ちにくいことでしょう。摂食障害など起こりえない時代もあったのです。今日一日、満足に食べることさえできなかった昔とは違い、食べものが豊かになったことは、モノとのつきあい方で心を表現する人をふやしているように思います。また、モノよりも心を大切にする人もふやしているのではないでしょうか。食べるものが足りない時代にあっては、たとえ親から愛されないことがあっても、怒られても、今日はおいしいものが食べられたというだけで幸せにしてしまう力を持っていました。からだは、生物としての要素が大きいため、最低限この命を保証してくれるものに希望をつなぐのです。

また、兄弟が少なくなったことも、一人分の愛情のレベルを大きくしている要因の一つでもありましょう。たくさんいれば、あきらめるしかないからです。あきらめているとも感じないまま、あきらめることを自然にしてしまっているのです。兄弟が少なくなると、自分も弟や妹と同じように親に注目してもらいたいため、なかなか大人になれず、幼稚さが抜けきれません。早くしっかりしてしまうと、親から見放されたり、頼りにされたりするため、早く大人になりたくないのです。

こういうふうに自分のことにこだわっている子どもたちのからだには、学習の内容は入っていきません。心のなかはいつもざわざわして、なかなか学ぶ状態になれません。自分の内側の混乱からの逃避として、あるいは寂しさを埋めたり、自分の存在や価値を認めさせるものとして、成績を上げる、というようにはなりにくい世の中になってしまったのです。

かつての子どもたちは、親が自分を愛してくれることを期待するのではなく、生んでくれたこと、食べさせてくれたことの恩をどれだけ返すことができるかを考えていたものでした。恩を返すためにはある程度のお金が必要だし、そのために子どもは、親が喜び、世間にも認められるような努力をしたり、高給とりになることで両親の恩に報い、両親の労をねぎらい、親にとって誇りに思える自慢の子になることを喜びとしたものでした。そうした上昇指向が、学習に夢中にさせ、学習はなんておもしろいんだろうという喜びとも自然に結びついていった面もあったのでした。

今の子どもたちにとって必要な教師とは、本当に学ぶことが好きな教師です。子どもたちがいくら自分のことだけにこだわっていても、なおそれを突破して自分のカラから出ていくことのできる授業を展開していくことができる教師が生まれなければなりません。教師自身の学びと授業の質が問われているのです。頭だけでなく、からだや魂すべてを使った授業が子どもたちのからだには必要なのです。そのためには教師は、今の時代のただなかを生き、何よりも人間としての成長に不断にとりくんでいなければなりません。

文部科学省の方針がどうであろうと、教師一人一人が子どもと向き合い、教師自身のからだが芸術的になり、頭だけでなく子どもの命に沿って全身で学んでいく授業をしていけば、この現実を切り開いていく道はきっと見つかるのではないでしょうか。

3 学ぶからだを育てる

自分のけやきの木をもつ

今回の検定教科書の内容に胸を弾ませ、これはおもしろいと思った教師が、いったいどのくらいいたのでしょうか。当然、教科書の見直しはどの教科も毎年真剣にすべきです。子どもたちが学ぶからだになっていくためには、まず教師がつねに学ぶからだになっているというあたりまえの前提があります。教師が世界に対して心を開き、関心をもち、それを子どもと共有したいという強烈な意思をもっていないと、授業はつくれません。教科書に書かれている知識を伝達する授業は、もしかしたら授業とはいえないことかもしれないのです。そういう「授業」は、おそらく子どもたちのからだからは遠いのではないでしょうか。

「これを覚えなさい」というのではなく、子どものからだが必要としている、本当に学びたいものはいったい何なのかを見つけることはとてもむずかしいことです。しかも、二〇一〇年、二〇二〇年、いや、二〇五〇年、二〇六〇年をも生きていく子どもたちです。その頃の社会はどうなっているのでしょう。そのためには、いま、子どもたちはどんな学びをしておく必要があるのでしょう。これこそが、親や教師が深く考えねばならないことです。

飛んできたてんとう虫を見て「なんてかわいいんだろう」と感じる教師の心を、子どもたちもうれしく思います。しかし、一方で、この機会に昆虫について教えようとして、「これはてんとう虫という虫です」と説明してしまうと、子どものなかに喜びはわきません。教師のからだがいろいろなものにきらきら瞳を輝かせ、つねに世界に対する関心を持っていないと、授業はできないのです。しかも、子どもがいま何を欲しがる時期にいるのか、個々の子どもに則して見ていかなければなりません。

教師自身のからだが生き生きと生きているかどうかが、いま問われています。たくさんの知識をもっていて、それを子どもたちに伝えたいという思いに引っぱられがちな教師もいるでしょうが、そこに人間的な感情や情熱を感じて授業化していく部分がないと、子どもは授業がだんだんおもしろくなくなって、やらされているという感覚だけになってしまいます。教師自身がはずむからだをもち、同時に子どもも弾んでいないと、授業は成立しません。

◉けんかで忙しい子どもたち

賢治の学校の子どもたちと四月に出会ったとき、つくづくいまの子どもたちは人間関係にとても敏感で、疲れている、彼らは七年以上も前に担任をしていた子どもたちの延長上にいるということを思いしらされました。四月になったばかりの頃の賢治の学校には、青空を見上げて「ああ、いいなあ。真っ青な空がきれいだな」というような子どもは一人もいなかったように思います。

甲府に行く途中、富士山のそばを電車で通りかかったとき、「お母さん、富士山だ。富士山が見えたよ」という男の子の声が聞こえました。確かにトンネルが切れるたびに富士山が見えています。珍しく「富士山だ」という子どもがいた、とうれしくなってその子どものほうを見たのですが、もう知らん顔をしています。久しぶりに外界に目のいく子どもに出会った、と思ったのですが、ほんの一瞬のことでした。お母さんがあまり反応しなかったことも大きな原因かもしれません。何気ない一瞬一瞬の大人の反応が、子どもたちの感受性に大きな影響を与えているのです。子どもたちが、思う存分、富士山をあかずながめるようなことはなくなったのでしょうか。

ある日、子どもたちに「子どもって、毎日遊ぶことで忙しいよね」とふっと問いかけたら、「ちがうよ、子どもはけんかで忙しいんだ」というこたえが返ってきました。彼らは、たえず、仲間に入れるか外すかで忙しいようなのです。

幼児クラスでこんなことがありました。一人の女の子が、たくさんの木の枝を拾ってきて、男の子に差し出し、「これをあげるから、仲間に入れて」といいました。どうやら木の枝はみつぎ物のようです。すると、男の子は「ぼくはいいけど、他の人に聞いて」と応えました。それが次々にくりかえされました。「私はいいけど、他の人に聞いて」と。結局、「いい」といいきる子どもは誰もいないというのです。すごい光景ですが、これは大人の世界の反映です。

そもそも仲間に入れるのが当たり前で、「仲間に入れて」ということば自体、私にとってはありえなかったことです。教師の中にも、グループ分けなどの際、子どもたちの数を合わせるため、「入れてやって」と当たり前のようにいう人がいますが、これは深く考えてみなければなりません。そんなことをいわなくても「こっちに入って」といって、その子がきてもいい状況をつくるのが当たり前でしょう。友だちが来たらいつも入れる態勢をつくっておくことを、子どもたちに教える時代になっているのです

また、「入れて」というほうも、本当はすんなり入れるかもしれないのに、いちいち許可を得ないと入れないと思っているのかもしれません。おたがいのからだや心が閉じていることが、関係を窮屈にしているのです。このように、「入れて」の問題は、ないがしろにできない重要な問題です。そして、こういう場にも年上の子どもの重要な役割があるのです。

◉けやきの授業

「梢」
かぞえきれないほどの
はっぱに　なって
おしあいで　空をさわっている

さっきまで
じめんの下の　くらやみにねて
空へのゆめばかり　みていた水が
根から幹へ
幹から枝へ
枝から梢へと　のぼりつめて　いま

むかし　雲だったころに
まっさおに　そまって
走ったり　ねころんだりした
空を

虹だったころに
あふれる　やさしさで
リボンをむすんだ
空を

雨だったころに
胸　とどろかせて
スカイダイビングした
空を

さわっても　さわっても
さわりきれないもののように

（まど・みちお）

けやきは落葉高木です。冬のあいだ葉がすっかり落ちていた枝が、春の訪れとともに先端からだんだん葉をつけ、隙間がなくなり、葉どうしが昆布のようにゆれるようになります。風にあおられて枝と枝がぶつかりあい、枝がついたままの葉が地面に落ちることもよくあります。押し合いへし合いして弱い梢は落ちていくのですが、そういったことはふだん見落とされがちです。葉が空をどんどん緑に塗りつぶしていき、ついには空が点にしか見えなくなるくらいに葉が広がっていくときに、幹や根のなかで何が起きているか。生き生きとした想像がふくらんでいきます。

私とけやきとの関わりから、「けやき」の授業が生まれるのです。どこを歩いていても、私はけやきを見落としません。けやきに出会うたび、私は心のなかでいつも呼びかけているのです。まさに「けやけき木」です。もう何年も前ですが、宮沢賢治の「岩手軽便鉄道の一月」という詩を読んで、賢治もよく木に呼びかけているのを知ってうれしく思いました。賢治ならずとも、これまでにたくさんの人がこういうことをやってきました。子どもたちがそれぞれのからだの自然を取り戻していくにつれ、こういった作品がとても深いところで読めるようになっていきます。

「岩手軽便鉄道の一月」
ぴかぴかぴかぴか田圃の雪がひかってくる
河岸の樹がみなまっ白に凍ってゐる
うしろは河がうららかな火や氷を載せて
ぼんやり南へすべってゐる
よう　くるみの木　ジュグランダー　鏡を吊し
よう　かはやなぎ　サリックスランダー　鏡を吊し
はんのき　アルヌスランダー　鏡をつるし
からまつ　ラリクスランダー　鏡をつるし
グランド電柱　フサランダー　鏡をつるし
さはぐるみ　ジュグランダー　鏡を吊し

桑の木　モルスランダー　鏡を……
ははは　汽車《こっち》がたうとうなゝめに列をよこぎったので
桑の氷華はふさふさ風にひかって落ちる

たんぼのなかを走っていく汽車が、氷華（つらら）をぶらさげている木々に「よう！」と思わず声をかけています。賢治は汽車そのものになっているのでしょう。賢治の視線が移っていく様子が、手にとるように分かります。この作品は、ただ、つららをぶら下げているクルミの木があるな、桑の木があるな、とその存在を確認する次元でなく、思わず呼びかけ、うたってしまうところまでからだがはずみあがっていくのです。

はずんでくるからだとは、生き生きとしたからだのことです。生き生きとしたからだになっていなければ、学びは成立しません。生き生きとしたからだになってはじめて、子どもは、生きもののこと、人間とほかの生きものとの関係について、あるいは将来的な環境のことなどを学んでいくことができるのです。教師は、子どもたちのからだが生き生きとしない状態では学びは成り立たないという意識をはっきりともつことが大事です。

四月の初めに、授業の中で、これが自分のけやきの木だと思うものを子どもたちに一本ずつ決めてもらいました。そのとき、「さあ、自分のけやきの木を一本ずつ決めましょう」といっても、子どもたちは決めるでしょう。でも、その前に少し時間をとってみました。実際にけやきを見て、見上げて、触れて、抱いて、耳をあて、語りかけてみて、自分の心やからだがどう動きだすか、体験してもらいました。とてつもなく大きなけやきとともに、ゆったりとした時間を過ごすことを大切にしたのです。

賢治の学校のすぐそばには、けやきの大木が三〇本近くあり、いずれも樹齢が何百年もたっているものばかりです。大きいものでは幹の周りが六メートルをゆうに越えていました。こういう時は、子どもたちのからだにゆったりとした時間が流れるのを保証しなければなりません。この木々への想像力が働きだす時間、この木々が生長してきた長い時間をほんの一瞬でも感じることができ、木々に引き寄せられるのを感じとれる、そんな時間が必要なのです。

こういうふうに十分な時間をとってこそ、忙しく外に向かっていた子どものからだが落ち着きを取り戻し、木と向き合っていけるのです。こうして少しずつ木と自分とがつながっていくプロセスそのものが、理屈をこえたからだと木との出会いの事件になっているのです。そのあと、自分に本当にあったけやきの大木を一本決めるのです。

木と向きあったり、話しかけたりすることに慣れていない子どもたちには、さらにていねいにこのプロセスを手助けしなければなりません。たとえば「木のところに来たら『こんにちは』とか『ただいま』とかいってごらん」と声をかけました。すると、子どもたちは、自分の木に挨拶したり、けやきを見上げ、一人ずつになって毎日自分の木の下でお弁当を食べたりするようになりました。

授業の途中で、ふと、けやきの重さ、固さを子どもたちに伝えたくなりました。けやきがどんなに固くてずしりと重いものなのかは、実際に体験しなければ分かりません。と、私の頭にけやきの大黒さまが浮かんできました。それは搾油業を営んでいた両親が、工場をたたむとき、工場で使っていた裁断機のけやきの台で何か私たち子どもに記念になるものをと考えて、つくって送ってくれたものでした。両親は親戚の彫刻師に頼んで、裁断機の台を六つに分け、大黒さま五つと恵比寿さま一つをつくり、五人の子どもにもたせてくれたのです。母はそのうちの一つを自分のところにおき、五人の子どもたちが毎日健康で過ごせるようにと頭をなでているというものです。その大黒さまの一つが私の家にあります。

私はそれを学校に持ってきて、子どもたちに持ってもらいました。ずっしりと重いその大黒さまを抱いた瞬間、子どもはなんとそれを抱えて回りはじめ、やがて走り出したのです。学童の生徒として賢治の学校に来ている春菜さんは、みんなの輪の回りを汗びっしょりかいて百回以上もまわりました。賢治の学校の子どもたちも刺激を受けて、体力の限界に挑戦することにあいなり、もって走ることがゲームのようになっていきました。笑顔の大黒さまと笑顔の子ども。ずしりとした重さは、とてもうれしい重さのようでした。

こういった体験を通して、子どもたちのからだは、確実にけやきと親しくなっていきました。こうなると次に、けやきによるディープエコロジーワークに授業を発展させることも可能になってきます。よりていねいに木にふれることによって、けやきと松の違い、けやきとくぬぎの違いをからだで感じていく授業を組み立てていこうと私の心も動いていきます。四月の初めの頃にはどの木がけやきか分からなかった子どもたちが、いまでは木肌で木を見分け、葉でそれを確認することができるように少しずつなってきました。

木にじっくりふれはじめた子どもたちは、自分の木にじつにたくさんの虫や鳥が住んでいることに気づきはじめました。ある日、一人の子どもが「自分の木にチョウのような大きなガがいた」と捕まえてきました。ほかの子どもたちもそれに刺激されて、木だけでなく、たくさんの生きものにも目を向けるようになっていきました。興味の対象が日を追ってぐんぐん広がっていったのです。けやきは、鳥のすみかであったり、休み場所であったり、隠れ家であると同時に、ちいさなアリや虫たちのすみかでもあることがだんだん見えてきたのです。風に大きく揺れる梢は、まるで海の中のコンブのようで、見ていると一緒にからだも揺れてきます。ところが今やもう秋。子どもたちは毎日少しずつ紅葉して落ちた葉を拾いながら、学校にくるようになりました。

高学年の子どもたちにとっては、表面的な観察にとどまらず、けやきの葉をていねいに写生して、色をつけていくことで色や形を楽しみ、他の木の葉とはどう違うのか観察したくなるものが、子どものからだから自然にわき上がってくるようです。もちろんそれまでに子どもたちのからだがけやきの木だけでなく、植物や昆虫、生きものの世界に深く踏み込んでいく用意を着々と進めていくのは当然のことなのですが。十一月にはさまざまな木の紅葉を写生するエポックを用意しています。子どもたちのからだが春から夏へ、そして秋を向かえた今、自然界の生きものとしてリズムを持って呼吸していることを、授業をつくっていく上では忘れてはならないのです。

はずむ教師のからだと学びたい子どものなかの欲求が響きあって、はじめて授業は子どものからだの中で成立させたい方向にむかって動きだしていくのです。子どもは本当に学ぶことが大好きです。ところが教師にそれがないと、いつのまにか子どもがおしゃべりをはじめ、それを授業の中身でやめさせられず、つまらない授業になってしまいます。そういう時こそ、子どもが集中する授業をつくるからだを教師がもっているかどうかが問われるのです。

子ども集団を相手にする授業は、半端な力ではできません。教師に力がないと、子どもが思いついたことをぺらぺら話している方向にひっぱられたり、一人一人の子どものからだの中でいま何が動いているのかつかめなくなっていきます。それでは教師が用意した授業に子どもを合わせるだけになっていくのです。教師自身が何を子どもに働きかけたいのか、その問いの根本のひもをしっかり握っていないと、子どもに振り回されてしまいます。

そんなふうに振り回される教師を見ると、子どもも自分を深めることをせず、ふざけて教師を笑わせたり、一見にぎやかに反応はしても、子どものからだに事件は起きず、時には教師を困らせたりすることに関心がいき、学びのほうにとても向かわないところで終わってしまいます。学びに向かいはじめたからだは、子ども自身をお互い厳しくさせます。さわいでいる子がいると、子どもたちのなかから「聞いているんだから、やめろよ」というような動きが出てくるのです。

◉あらゆるものが授業になる――トキの授業

ある朝、テレビをつけたら、トキの誕生のニュースが流れていました。いつかトキの授業をしようと、私は『トキよ大空へ』（金の星社、二〇〇〇年）という本を購入していました。そのニュースを聞いたとたん、今日しようとしていた授業を捨てて、トキの授業をすることに決めました。トキは、人間が自然を破壊してきたことや、それをどう回復させていくかを考える心を育てるための一つの教材としても有効です。また、来春取り組もうと思っている宮沢賢治の「若い木霊」「原体剣舞連」という作品にもトキが登場します。これをエポックとしてとりあげることにしました。これらの作品や詩の中で賢治が「トキの火」と呼ぶ感覚のすごさを、子どもたちにも体験させたいと思っているのです。

教師は、日々この世界でいま何が起きているのかという身の回りのできごとに対しても、網を張っておく必要があります。授業を通して、私のからだがさまざまな現象、もの、出来事にどれだけ関心をもって生きているかが問われているのです。その関心は、ただトキが好きだからという程度のものでなく、トキを通して、二十一世紀を生きる子どもたちに何を教えたいのかという視点をはっきりもっていることが大切です。私たち教師や親は、子どもたちの一生の長さの中で「今」をとらえて、何をすべきかを考えなければなりません。

　賢治が生きていた頃の、トキがたくさん羽ばたいていた大空を想像するだけでも、空の様子が変わってきます。大空がトキ色にそまる様子は、それを想像するだけでも自然の力を感じて、胸がときめいてきます。トキに目を奪われていたのはおそらく賢治だけではないでしょう。日本に野生のトキがいなくなって、もうずいぶんたっているのですが、トキのことを子どもに語る親や教師はどのくらいいるのでしょうか。

「今日、佐渡でトキが誕生しました」と子どもたちに伝えて、まず絵本を見せました。トキが大空をたくさん飛んでいる昔の様子が描かれています。トキ色の空を、トキがトキ色の大きな羽を広げて飛んでいます。この絵本には、日本の野生のトキが最後の一羽になり、それを宇治金太郎さんが観察している様子が描かれています。このトキをつかまえなければ、トキが日本からいなくなってしまいます。宇治さんは、雪のなか、四日間トキを探し続け、とうとうトキを見つけます。いつも同じ黒い服を着て、トキが手から餌を食べるようになるまで世話をつづける宇治金太郎さんに、子どもたちは引き込まれていきます。子どもたちはトキに関心を持ってきました。

　授業をはじめるとよく起こることですが、もう少しトキについて詳しく話をしようと思ったところで、担任から声がかかりました。「真帆さんのお母さんが、以前トキの本をもってきてくれていた」というのです。それを本棚から取り出し、持ってきました。分厚いトキの写真集です。宇治さんの顔も、トキの写真ものっています。その写真集を見ることで、子どもたちはトキについてさらに興味を深めていきました。そして、もっと詳しく知りたいというからだになってきたのです。

そこで、今度は実習生の一人が宇治金太郎さんに、子どもたちが日本にいる最後のトキ六羽になって、宇治さんが四日間雪の中トキをさがすところから、実際に動いてその場面を展開していきました。参観に来ていた人たちには、吹雪になってもらいました。宇治さんを自分の味方だと安心していた一羽のトキが、宇治さんにつかまえられ、保護センターの飼育小屋に入れられるシーンで、宇治さんは「ゆるしておくれ、おれをゆるしておくれ」と何度も何度もトキにあやまりました。このトキは宇治さんから、「キン」という名前をもらいました。

その後、長い時間がたち、キンは三〇歳を超えました。他の仲間たちはみんな死んでしまい、日本のトキはキンだけになりました。日本のトキを救うために、中国は若いトキの夫婦ヨウヨウとヤンヤンを日本に送ってくれることになり、一九九九年一月、佐渡へ二羽のトキがやってきたのです。このつがいのトキは四つの卵を産みました。そのなかで一つだけ無事に育ったトキに、日本の子どもたちが考えたユウユウという名前がつけられ、やがてそのユウユウが立派に成長していきました。保護センターがトキの繁殖に熱心にとりくんだ結果、今年も生まれた卵のうち、一つが今日孵化しました、と話したのです。そしてトキに向けて手紙を書いてみよう、と呼びかけてみました。

こういうふうに授業をつくっていくからだは、四六時中、ちょうどクモが網をはるようにいつも糸を吐きつづけています。子どもたちのちょっとした触手にもひっかかるよう、寝ても覚めてもさまざまな糸を張りつづけるのです。有明の干潟も、日の出の森のゴミ処理問題も子どもたちの命につながる授業にすることができるのです。野草も観察する対象としてだけではなく、歌や遊びにし、子どもたちと天ぷらにして食べることもします。野草はただの草ではなく、自分たちの薬や食料にもなるということを知るのはとても重要です。しかも売っている野菜以上においしいということをからだで実感することによって、栽培の本質を問い、人は自然のめぐみを受けて生きているということを理屈抜きに学ぶことができます。そういう体験を通して、自分なりにいろいろ考えるものが、子どものからだの中に雪がつもるようにつもり、また奥底から生まれてくるのです。

高学年になると、自分が本当に感じたことをことばにする必要がますますでてきます。文章を書くときには、あったこと、したことを記憶を呼び起こしてたどり、再認識していく作業をすることで、感じる力や考える力を育てていきます。実際にしたことや、感じたことを書くのは一年生のときから少しずつ積み上げていきます。まず自分がしたこと、見たこと、やってみたこと、聞いたことなどの事実が順を追って書けるようにすること、その事実について自分が五感を働かせて感じたことも書けるようにしていきます。もちろん、したことの単なる列挙ではなく、具体的に細かく、そのときに感じたことやそのときの会話、思ったこともできるだけ正確に、もっとも適確な言葉を探して文章にしていく授業をするのです。この時、事実なのか伝聞なのか意見なのか感想なのかなどをはっきり意識させることにもとりくみます。正確な表記やカタカナ、ひらがな、漢字などの使い分けにもその子どものセンスが生きていくように工夫する指導にも少しずつとりくみはじめました。また、高学年の子どもたちにとっては、賢治の作品に見られる表記の工夫は大いに参考になります。

◉ことば遊びから、植物の世界へ

「どこの　どなた」
トイレの　スイセン
ベランダの　ラベンダー
うんそうやの　ハコベ
すいげんちの　ミズヒキ
だいくさんちの　カンナ
そっこうじょの　カスミソウ
ていりゅうじょの　マツ
しゅうかいじょうの　シュウカイドウ

しょくぎょうしょうかいじょの　クチナシ
ぼうりょくだんのいえの　ブッソウゲ
ろうじんホームの　ヒマ
しんこんさんちの　フタリシズカ
いんきょべやの　ヒトリシズカ
しあいじょうの　ショウブ
じこげんばの　ゲンノショウコ
グラウンドの　ハシリドコロ
ごみすてばの　クサイ
おかしやの　アカシア
あめやの　アヤメ　　（まど・みちお）

まるでクイズを出すように、「どこのどなた？」と子どもに問いかけます。私が相手の位置に来て、「トイレの」と答えかけ、子どもの顔をぐるりと見ます。しばし間をあけて「スイセン」というと、子どもたちは大笑いします。このときの一人一人の笑い方で、子どもたちがこのことば遊びのおもしろさをどのくらい味わっているかが分かります。ただし「スイセン」という花が分からなければ、おもしろさは半減します。次に、子どもたちに、「ベランダの」と問いかけます。すると、だいたい予想がついた子どもは、もう花の名前を探しています。子どもたちは、みな耳をダンボにして、続くことばを待ち構えています。そして「ラベンダー」と聞いた瞬間、なるほど、うまいうまい、と手をたたいて作者をたたえます。

子どもたちはそれまでの授業で、ラベンダーもハコベも目にふれて知っています。ラベンダーはお茶にして飲み、ハコベは天ぷらにして食べました。ここまでくれば、ミズヒキソウやカスミソウを知らなくても遊べるのですから、人間の子どもというのはすごいものです。興奮したのは、「ぼうりょくだんのいえのブッソウゲ」です。ブッソウゲがまったく分からなくてもおかしいのです。

十人の子どもたちに、この詩を二行ずつ覚えてもらいました。そうすると、タイトルの呼びかけも含めて、一人が一行ずつ答えていけば、二回まわると詩が全部つなげられます。べつに詩を紙に書いて覚えるわけではありません。すぐに紙に書いた字に頼らせると、イメージなしでことばを口にする癖をつけてしまいかねなくなります。紙に頼らず、集中して聞けば覚えてしまえるようにできているのが人間なのです。

さあ、では、最初の一人が「どこのどなた?・」と問いかけるところから始めてみましょう。一人がたった二行覚えるだけですから、次々につながっていきます。最初は二回りするのに五八秒くらいかかりましたが、くりかえすうちにだんだん時間が短くなっていきます。子どもたちは時間が短縮されていくのを楽しみにして、より集中して待ちかまえるようになりました。

そうして遊んでいるうちに、詩を丸ごと覚えてしまったのです。

今でも「どこのどなた?」とひとことといえば、子どもたちは一気に最後までいってしまいます。もちろん他の子どもの分までもです。そしてそれぞれの花や植物の名前と実物とを一致させることをその後もずっと続けています。登場する花には、夏の花や秋の花があります。五、六月には、近くの段丘でショウブとアヤメに、七月二三日には、賢治の学校の近くを流れる根川のほとりに咲いていたピンクのシュウカイドウに出会いました。ミズヒキソウは、九、十月、近くの垣根に花を咲かせました。子どもたちの心にゆとりが生まれると、ことば遊びが楽しくなります。また、ことば遊びを通してコミュニケーションに余裕が生まれ、笑いがおこり、はずみとリズムが生まれてくるのです。そして、今度は自分でも次々にことば遊びをつくりだしていくのです。

一緒に授業を進めていくためには、子ども同士の呼吸を合わせることがどうしても必要です。そのためには、一人一人がつながりながら生きていることをどうしたら子どもたちが実感できるかを考えなければなりません。学ぶときは個々のからだが学ぶのですが、他とつながってい るからだで学ぶのと、切れているからだで学ぶのとでは、からだに入っていくものがちがいます。他と切れてしまうと、学びは自分だけのエゴ的な学びになってしまいかねません。学ぶことによって、世界や人、ものとつながり、やがてこの世界も自分たちもあるべき方向に向かっていくという視点がないと、学びは狭いものになり、ダイナミックに生きることにつながらないのです。賢治のいったように「やがてはすべて行くであろう」です。

子どもに「勉強しなさい」というのなら、親も学ぶことが好きでなければなりません。親に本当の学びができるようになると、人間的に豊かになり、子どもに「勉強しなさい」とはいわなくなります。子どものありのままをうけとめることができる、あるいは夫婦がきちんと話し合ったりできるといったように、家庭内で子どもが安心していられる状態ができることにこしたことはありませんが、それぞれ自分を育てていない夫婦にとっては容易なことではありません。私も同じでしたから、とてもよく分かります。しかし、たとえ子どもが不安になることでも、親が自分の人生をかけて夫婦のありかたにとりくみ、最後には離婚するような結果になろうと、真剣に、正直にぶつかっているようなものがあれば、子どもたちへの影響は違ってくるでしょう。

◉子どもの緊張を取り除く

家庭に歌があふれていると、子どもは歌が好きになります。いまは本当に大人たちが家で歌を歌わなくなっているように思います。私は何をしていてもすぐに歌が出てきて困ってしまうほど、歌って生きてきました。はずむからだは、歌うからだと置き換えることもできます。歩くよりスキップのほうがさらにはずんでいるからだであるように。何度もいうように、教師自身も、子どもと同じようにはずむからだをもっていなければいけません。朝の空を見て、「ああ、この空を子どもに見せたい、この空について子どもと語りあいたい」というように、いつもみずみずしく、世界を今日はじめて見るように見る姿勢が教師の中になければ、子どもに届く生き生きとしたことばになりません。もちろん、閉じこもり、沈んで動けなくなっているからだには、もっと別の深い「はずみ」が必要です。

「梢」の詩には、走っている雲と寝ころんでいる雲が出てきます。私がその雲に大きな声で「おーい」と呼びかけたところ、子どもたちがふっと集中しました。いわゆる昔の野良声で、です。私は「もっと遠くの雲に呼びかけるよ」といって、さらに大きな野良声で「おーい」と遠くの雲に呼びかけました。そんな野良声など、子どもたちはきっと聞いたことがなかったでしょう。私は昭和一六年生まれですから、野良で働いていたお百姓さんが、遠くのお百姓さんに大声で呼びかけるのを聞いて育ちました。そんな私でもびっくり仰天した野良声を、一九七九年にインドで聞きました。北インドの田舎で、馬に乗ったときのことです。馬を引いていた馬子が、ずっと遠くの豆粒くらいにしか見えない人に向かって、「オーイ」と呼びかけ、話しをしたのです。

それはとても呼びかける気など起きないような大変な距離でした。いかに私たちは狭い空間の中でしか声を出さなくなっていたかを思い知らされた瞬間でした。ゆったりとした時間の流れるところでは、呼吸も深く、たっぷりとした大きな声が出るのです。その声を聞いたとき、私のからだは思わず息を深く吸っていました。深い呼吸をする人のそばにいれば呼吸も自然と深くなり、浅い息をする人のそばにいるとそれもまた伝染するということです。
ここまで声を出すと、自然と山村暮鳥の「雲」が口をついて出てきます。

おうい雲よ
ゆうゆうと
馬鹿にのんきさうじゃないか
どこまでゆくんだ
ずっと磐城平の方までゆくんか

そういったことを私がいつもしているからこそ授業が生まれてくるのですが、子どもたちも同じように息を深くして、雲に実際に呼びかけてみることで広い空間が生まれ、昔の広い空がよりリアルになりました。「ずっと磐城平《いわきだいら》のほうまでゆくんか」という一節の磐城平を子どもたちは知りませんが、そんなことはもうどうでもいいのです。それでも、より雲との距離を具体的にするため、子どもたちがよく知っているところに置き換えてみました。賢治の学校を卒業し、沖縄の九高島にわたった矢野太智くんと岩月遊気さんを思い出した子どもたちは、じつにはっきりと「九高島までいくんか」といったのでした。
「梢」の詩の中にある「虹でリボンを結ぶ」というところで、みんなで虹になって、リボンをつくってみました。あるいは、「春がきたら」という歌にあるように、木のなかの樹液になって、自分が昔虹だったころ、雲だったころというように連想していき、そのイメージが広がっていくと、からだはあっという間に日常をこえて、ドキドキしたりもしたのです。授業の流れは、現象から源へ、源から現象へと広がりますが、そのどちらの方向も、子どもたちは大好きです。

そこで「春がきたら」を歌うことにしました。

春がきたら
耳をあててごらん
大きなけやきの樹の幹に

きこえるだろう
その暗い幹のなかを
樹液のかけのぼる音が
千の若芽　若葉が
水を吸いあげる音が

だから　木の芽どきになると
井戸の水が　ひくくなる

三月の空にもえる
千の若葉が
千のばけつで
汲みあげるから

春がきたら
耳をあててごらん
大きなけやきの樹の幹に　　（大島博光）

母音と子音に注目し、フレーズごとにたっぷり息を吐ききって、何度か歌ったあと、子どもたちに「大人たちに『けやきの太い幹に、耳を当ててごらん』と教えてあげよう」と提案しました。すると、それまでどなるように歌っていた子どもたちの歌い方が変わりました。「どならないで」と指導するのではなく、話しかけるように歌うようにすればどならなくてすむし、声も柔らかくなるのです。

その後、トキの授業に入りました。ここまできて、ようやく子どものからだにトキの授業がなりたつ準備ができたのです。朝、学校に着いたばかりの状態では、いろいろな悩みが詰まっている子どももいれば、はずんだからだになっていない子どももいます。そんな子どもたちのからだから、余計な悩みやそこから来る緊張を少しずつ取りのぞき、ゆさぶって、目覚めさせていくのです。そして、まっすぐ授業に入っていけるからだを用意していくのです。

授業以外のことで心が占領されたり、振り回されたりしないよう、授業に集中できる状態にもっていくのです。歌ったり、踊ったり、手をたたいて歩いてみたり、リズム運動などをやってみていくうちに、子どもたちの集中が深まっていくからだが用意できていくのです。子どもたちが、教師から投げかけられた授業を深いものにしていけるからだになるには、まずは教師のこういった工夫が必要なのです。

◉歩きながら考える――子どもの姿勢と体癖

ロダンの彫刻「考える人」のような姿勢を取ると、よく集中して考えられる人と、何も考えられなくなる人がいます。その違いを野口整体では「体癖《たいへき》」と呼んでいます。宮沢賢治は歩きながら考えることを得意とした代表の一人ですが、私がこれまで教えてきた生徒の中にも、歩いたほうがよく考えられる子どもがたくさんいました。たとえ授業中であっても、集中して考えるときには、そういう子どもには「歩いていいよ」と私はいいました。教師は子どものタイプを見分ける必要があるのです。座ったとたん、何も考えられなくなる子どもがいることを知らなければなりません。子どものタイプにかかわらず、とにかく学校の椅子に縛りつけることがいいことのようになっていることのほうが問題ではないでしょうか。

また、今の子どもたちは背筋が弱くなっています。昔の子どもはもっと自然に上に向かって伸びようとする勢いがあったように思います。子どもたちにとって、未来に希望があったからでしょう。教師に注意されなくても、背筋はすっと伸びていました。ところが、今は、暗闇に入れられた植物のように伸びていく方向が見つからず、気持ちも生き生きとせず、重力に逆らえず、すぐに下に向かって落ちようとして、ぐったりしています。

とはいうものの、小学校の一年生が椅子に座っていられないのと、高学年が座っていられないのとは意味が違っていることもあるでしょう。高学年になると、先生に対する意思表示の部分もあるかも知れません。子どもによっては、親の前ではきちんとしていて、学校では座っているのがつらいと、自分を正直に出しているのかもしれませんし、あるいはその逆の場合もあるでしょう。

そんな子どもに、「どうしてそんなことをするの」と聞いても、子どものからだが子どもの意識をこえてそうなっているのですから、子どもはきっと答えられないでしょう。教師がどうしてその子どもがそういうことをするのかに関心を持ってとりくめば、いろいろな発見があり、対策も生まれてくるでしょう。

私が「歩いていいよ」と声をかけた子どもは、考えがまとまると、自分で座って考えを書いていました。その中の一人の男の子は、いま教師になっています。彼が歩いているからといって、教室がざわざわするようなことはなく、他の子どもも、彼がそうすることをべつに気にしませんでした。考えるために一息ついて水を飲みに行く子どもや、外の空気を吸いにいく子どももいました。体癖のことが分かってから、私はより深く考えるために子どもたちのからだが要求していることを応援するようになったのです。

◉ファンタジーの力

たくさんの知識を詰め込まれ、早く目覚めさせられるいまの子どもたちには、ファンタジーが不足しています。〇歳から七歳までは、もっとのんびりした中で、夢見るようにまどろみ、魂がゆっくりとからだに定着していく状態をつくることが大切なのです。そういう中で、心は自由に飛翔するのです。そこから豊かなイメージがわいてき、そのファンタジーの力が将来においてもその子どもの人生の中で起きるさまざまな事件を解決していく力になるのです。また外界や内界を豊かにしたり、危機を乗り越えていく力にもなっていくのですが、そういうことを大人たちは知りません。

子どもがからだの実感や体験と離れたむずかしい言葉を使ったりすると、賢くなっているような錯覚を大人は抱きがちですが、そういうことが早くやってきすぎた子どものなかには、心に柔らかさやうるおいが足りないことがままあります。字を見ると、怒りがあふれていたり、心細さや自信のなさが表現されていたりします。動きにしても、ここまでやったら相手が痛いだろう、といったことを感じ取りにくいのか、手加減したくないのか、人との関わりが暴力的になってしまうことも起きています。

知識が先走って、大人の仲間に入って話すようなことをしすぎたり、本の中の知識の洪水にのまれてしまうようなことがないよう、大人は幼い子どもに対しては特別の配慮をしなければなりません。色の使い方にしても、子どもの特徴がよく出るので、教師や親、大人はきめ細かな対応をしなければならないのです。

では、親によって早く目覚めさせられた子どもは、そのことが一生を通してどういう影響を及ぼすのでしょう。ある日、賢治の学校の三歳から五歳の幼児クラスの子どもたちがなかなか落ちつかないので、担任が部屋を薄暗くしてみました。カーテンもばら色に替え、直射日光が室内に入ってこないようにしたところ、子どもたちは傷つけあうこともせず、おだやかになり、場全体もしっとりと落ちついたのです。安心できる自分の居場所として教室にいられるようになったのです。それでも少し配慮が足りないように思える子どもは、覆いの中に入っていることもできるよう工夫しました。

小さな子どもは、お母さんのおなかから外の世界に出てまだ時間がたっていないため、何らかの覆いや保護がいるのです。何ものにも強制されず、ありのままでいられる、安全な場所がいるのです。その中に入って、落ちついて安心することができたら、覆いの中から自ら出てきて、自然にみんなと遊ぶようになっていくのです。

ところが、一日のプログラムが終わって、母親が迎えにくる時間になりました。すると、母親の姿を見たとたん、大変なことが起きました。子どもたちの様子が一変したのです。甲高い声をあげて、走り回りだしました。まるで別人のようです。いったい何が起こったのでしょう。スタッフはあまりの変化に驚きました。そして、みんなで話し合ってみました。確かに、母親が迎えにきた瞬間、子どもたちは現実の世界に引き戻されました。しかしその現実は、子どもたちにはまだまだ覆いの足りないものだったということです。子どもたちの魂は、大人が考える以上に保護を必要としているのです。

子どもは、落ちついてさえいれば、甲高い声をあげるようなことは絶対にありませんし、友だちを仲間外れになどしないで、みんなでなかよく遊ぶのが普通になります。うるさい音、明るすぎる場所、暴力的なことば、仲が悪くていらいらしている雰囲気のなかですごすと、子どもたちは落ちつかなくなるのです。こういう環境の中で幼児期を送った子どもたちが、長じてからもさまざまな事件を起こしているのかもしれません。彼らは乳幼児期に、自分の心やからだにふさわしくない「現実」に魂がさらされ、傷ついた歴史をもっているのかもしれないのです。

子どもは七歳まではまだ受肉していません。魂が肉体に定着していないため、肉体が受け止められない状態になった魂は、すぐに肉体から抜け出ていってしまうのです。
そういう時期にある子どもたちを、早くから塾に行かせたり、知識や技術をたたき込んだりして早く目覚めさせてしまうと、心に覆いがないぶん、子どもたちは生命力そのものを侵食させられていきます。まだ出てきたばかりの芽に、いきなり強い太陽が当たったような状態になるのです。そういうことを繰り返すと植物が枯れていくように、子どもたちの生命力そのものが萎えていくのです。

ほとんどの子どもや、若者、大人の背が丸くなり、胸が落ち込み、心が閉じ、他者を怖いと思う人間になっていることは、すでにからだのほうがそれを表現しているといえるのです。何もこのことは今に始まったことではなく、半世紀以上前から顕著になってきていたことです。すでに、老いも若きも、自分いじめをしている状態であり、人をいじめたり、殺したりといったことが増えているのも、個々のからだや心の側に立てば、当然の現象なのでしょう。

また、明るすぎるということは、赤ちゃんにとっては本当につらいことです。生まれてしばらくは、薄暗い中で育てるといい、といわれているのはとても納得のいくことです。早く明るいところに出すと、瞳孔が小さくなってしまいます。また、赤ちゃんのころに熱いお風呂にいれられると、外界がこわくなってしまいます。大きな声に驚かされたりすると、大きな音にびくびくするようになります。お父さんやお母さんがけんかをして、不愉快な雰囲気や沈黙があったりすることもこわいのです。

小さいときに外界はこわいという体験をした子どもは、自分を閉じて、自分の身を守るしかなくなってしまいます。怖くて外部に対して開いていられないから、人を信用できなくなってしまうのです。外界が安心できなければ、外とつながっていくわけにはいかないのも当然なのです。

生まれたばかりの赤ちゃんは、大人にとってはささいな刺激でも、恐竜が耳元でどしんと足踏みをするようなものとして感じていることでしょう。乱暴にドアを閉めたり、大声でけんかをしたり、がちゃんと何かが割れたりといったことが続くと、それだけで心が縮んでしまいます。そうすると警戒心が強くなって、閉じていくしかなくなってしまうのです。

いまはどこにいてもいろいろな音が聞こえてきます。そういう中にいると、最初はからだが音に反応するのですが、いつしかいちいち反応しなくなるほど鈍くなってしまいます。これは自分を守るために鈍くするのですが、それが感じること全体をも衰えさせてしまうのです。

私は小さいころ雨だれの音が好きでした。葦や花やクモの巣にかかったしずくを、あくことなく眺めていました。しずくが丸いレンズになって、さかさまに風景をうつしているのを、光輝くのを見るのも、私を無心にさせました。今でもしずくを見ていると、絵を描きたくなったり写真を撮りたくなったりします。小さいときに「ああ、いいなあ」と思って見たものは六〇歳の今になっても無視できず、ごく自然に目がいってしまいます。外界に対してこわくないと、自然に対しても人に対しても心が開き、興味や関心が萎えることがありません。雨の音、風の音、木がそよぐ音などが聞こえない状態は、私にはたえられないのですが、平気な人が多くなりました。そういう人たちは、耳は確かに音を聞いているのに、聞こえていない、という非常に複雑な仕組みで外界に対して閉じて、自分の身を守っているのでしょう。

◉命への視点

永遠の命の流れの中に自分を置くことができますか。肉体が滅ぶとそこでおしまいと思って生きている人と、肉体は滅んでもそれで終わりというわけではないと思って生きている人は根本的に生きかた、感じ方が違います。六〇歳を向かえた私などは、子どもたちを見ていると、「あとは頼んだよ」という思いがふつふつと湧いてくることがあります。私のあとの命の舞台を足場にして、この子どもたちは自分たちの命の舞台を作り上げていくのです。

肉体は滅んでもそこで終わりではない、と考えると、人はなぜ生まれてきたのか、生きることを通して何を学ぼうとしているのかを考えてみることが多くなるのではないでしょうか。肉体はほろんでも魂は死なないのですから、自分を永遠の中に置くことになります。時間にはつねに終わりがあって始まりがありますが、一方では終わりも始まりもないともいえるのです。

この命をこの自分まで続いた命の流れの中においてみると、どういう風景が見えてくるでしょうか。それは子どもを見る時も同じです。子どもたちは自分のあとにつづく命ということになりますが、自分はいつかはこの子どもたちに続く命にもなっていくのです。つまり、今の子どもたちの子どもとなって生まれてきて、導かれる日が来るかもしれません。そういうふうに子どもの存在をとらえると、子どもたちの存在がこれまでとまったく違って見えてきませんか。

根底にそういった子どもの見方があった上で子どもたちと向き合い、たとえば文字を学ぶ授業に入ります。からだは何かを得ることによって何かを失ってきた歴史をもっています。文字を学ぶことによって、文字がなかったときに持っていた聞き取る豊かさや、全身で感じ取る力を弱くしてしまったかもしれません。もちろん文字をもつことで得たものもあります。文字だけでなく、どんなこともすべてそうです。学ぶことで失うからだがあることを知っている、けれどももうそれを止めることができないところに人間は立っているのです。

文字を持つことで、いちいちことばの意味を考えるために頭を使うようになります。そうなると、動物的な勘や、瞬時にからだが反応する部分や、敏感に感じとることができるからだを失っていくことも起きてくる場合があります。頭で考えて動けなくなるといったことも起きるかもしれません。人間のからだは、動物よりはるかに弱くなってしまいました。匂いをかぐ器官やすばしっこさ、気配を感じる、闇の中でも見える、獲物を追うといった働きは弱くなってしまいました。しかし、その分以上を、機械をつくることで補ってきたのです。

カメラで写真を撮るようになったことで、カメラを持たなかったころよりも実物を一生懸命見なくなってしまった人もいるかもしれません。確かに、レンズなどで拡大することで見えなかったものを見ることができるようになった場合もありますが、おしなべて便利になることによってからだの器官はにぶくなり、失うものが本当に多くなってしまったのです。

歩くこと一つとってもしかりです。賢治だけでなく、昔の人は数十キロの道のりを平気で歩いていましたが、車ができたおかげで歩くのがおっくうになり、筋肉も弱くなってしまいました。全身で体験することが少なくなったということは、単に肉体が弱くなったということだけでなく、感じ取ることや、生きている手ごたえそのものも弱くなったということです。こういう状況がますます加速する中にあって、どういう授業が必要になってきているのでしょうか。

4 授業を通して世界にふれる

モチハダカムギ

◉小麦の歴史

かつては食べ物を作るのが大変でした。米はもちろんのこと、小麦も同じです。しかしこの授業では、つくる大変さよりもつくる喜び、麦や米の不思議に重点を置いています。まず、六月の田植えのあと、稲の分蘖《ぶんけつ》（根に近い茎の節から枝分かれすること）の様子を観察しましたが、この時、六月に収穫した麦が、昨年の晩秋から冬にかけてどういうふうに分蘖していったか、米と麦の成長のちがいを比較する授業をしました。

稲は内側から外に向かって広がり、麦は外側から内側に向かって分蘖していきます。それを宮沢賢治の教え子の佐藤栄作さんは、「麦は子どもを抱くように外から内側に向かって分蘖している。稲は子どもを外へ外へ追い出して、センスを広げていくように分蘖していく」と表現して、説明して下さったのですが、この分蘖の授業では、その表現を使わせてもらうことにしました。

米と麦の性質の違いは、陰の植物と陽の植物の違いでもあります。秋に収穫して冬に食べる米は夏の草で陽、食べることによってからだを温めるといわれています。冬の草の麦は、晩春から初夏にかけて収穫して夏に食べ、あたたまりすぎたからだを冷やしてくれます。そういうふうに穀物には違いがあることを、子どもたちは不思議な顔をして聞いていました。

小麦の歴史は、人間がどうやってパンを思いついたかを見ていくことから始めました。小麦は、約六千年前に西アジアで栽培が始まったといわれています。その後、世界中に広まっていくのですが、日本には約三千年前に入ってきたといわれています。日本まで小麦が伝わってくるのに、三千年という時が必要だったのです。

また、ピラミッドからは、四千年以上前につくられた死後のためのパンが見つかりました。現在のパンとはちがって、当時、パンが特別な意味をもっていたことが分かるそうです。おそらく、パンといっても今のようにたくさん食べられていたわけではなかったのでしょう。パンがありふれた食べものになっている現在では考えられないほど貴重なものだったにちがいありません。

種から育てた小麦を収穫して乾かし、パンやうどんをつくるに授業は、何度くりかえしても新しい発見があります。麦にも何種類かあります。子どもたちは昨年の十一月に川口由一さんの指導のもと、担任と一緒に麦の種をまき、今年の五月、六月にかけて収穫しました。種類は、モチハダカムギ、ライムギ、小麦でした。これらの麦を使ってどういう授業を展開するか、考えただけでもとてもワクワクしてきます。しかし、残念なことに、小麦は収穫の時期を少し逸したために、全部イノシシに食べられてしまいましたが、結果的にはこれも重要な学びになりました。

このように、小麦一つとってみても、さまざまな学びの体験ができます。私の子どものころはチューインガムは容易に手に入りませんでしたから、よく生麦をかんだものです。小麦は生のままかんでいると、口の中にチューインガムのようなものができてきます。今の子どもたちはこんなことはまったく知らないでしょう。もちろん生の小麦、ライムギ、モチハダカムギをかむ授業もしました。ほかの麦ではできないのに、小麦だけグルテンが口の中に残って、チューインガムができました。

また、子どもたちは、どうやってあの小さな粒をさらに小さな粉にできるか、考えてみたこともないでしょう。小麦粉のつくりかたをたずねると、子どもたちはどんな道具を考え、つくり出すでしょうか。きっと、自分の体験したあらゆる知恵を総動員して、さまざまなことを試みるにちがいありません。

それを自分のつくった道具で思う存分試してみたあとで、石うすを使って粉にして見せる授業にとりくみます。石うすがどのくらい便利な道具か実感し、それを考えついた人間の知恵のすごさに感動することでしょう。この石うすのかみあわせにもさまざまな工夫があります。また、長時間石臼をひいてみれば人力ではとても大変だということが分かります。もっといい方法はないかと、動力を工夫したくなってくるのです。たとえば水車。しかし、水の力を動力源にすることに気づくまでの人類の足跡も大発見のドラマです。こういうことを存分にやってから、郷土博物館に行くのです。こういうプロセスがなければ、博物館のものは死んだものとしか子どもには見えません。

◉川と人間

米と麦を手に入れるためには、水の管理も欠かせません。ところが、用水路を一本引くことは容易ではありません。子どもたちに実際に掘らせてみようと思っていますが、水はきっと流れないでしょう。なぜなら、傾斜をつけるのは簡単ではないからです。実際にやってみると、掘ること自体、とても大変だということが分かってきます。私は公立学校にいた時、玉川上水の幅と深さを実測して、広い運動場の片すみで掘ってみたことがありました。子どもたちが実際にやってみてはじめて気づいたことは、掘る労力もさることながら、掘った土を外に出すことの大変さでした。もちろん、この時は私も子どもたちと一緒に工夫しました。階段状のものを作らなければ、下におりられませんし、掘った土を外に出せません。それからというもの、子どもたちは、大人たちが道路工事や土木工事をしていると、必ず行ってのぞくようになりました。

日本の歴史を振り返ってみても、もともと人々が最初に住んだのは山からでした。小さな川があるところにしか人は住めませんでした。大きな川は氾濫が起きるので、氾濫原である平野はとても人間が相手にできる場所ではなかったのです。私は一九六九年ごろから「水・米・人」「川と人間」「水と人間」「川と農業」「水と都市」をテーマとする授業を、小学校の中学年から高学年でとりあげてきました。「川と人間」の授業では、堤防も重要なキーワードでした。

日本の農業は、水との戦いの連続でした。いかにうまく水をコントロールできるかが、村や藩の豊かさを決定づけていきました。兵は食料を生産しませんから、どのくらい兵力をもつかということは、どのくらい食べるものが豊富にあるかということと比例していきます。治山治水のことば通り、山を治め、水を治めることは村人の生命を左右することでもあったのです。そのためには堤防の工夫は藩にとっても大きな課題となりました。

かの有名な信玄堤は、賢治の学校の近くの多摩川でいまでも使われているのです。いまや私たちは大河川のそばに街を作り上げてしまっているため大河川の近くに簡単に人が住めると思いがちですが、とんでもないことです。大河川の近くが利用できるようになるまでの歴史も大切な授業としてとりくんでいきます。

そのための準備として、台風が通過した直後に、子どもたちを多摩川に連れていきました。一つ目の堤防を超えた水は川原の葦や木々をなぎ倒していました。川原に住んでいたホームレスのおじさんは、前日、ヘリコプターでつりあげてもらって救助されましたが、中州に取り残されたおじさんは流されてなくなりました。

人間が水をどのように管理してきたかについては、実際に歩いて住むところを探してみたり、米をつくってみたりすることでより現実感がわいてきます。水をコントロールするために堤防を築く必要があったことも、実際に体験してみて興味が生まれるのです。そして水に壊されない用水路や堤防作りに挑戦してみる授業を組んでいくと、それがいかに難しいかが分かってきます。信玄堤は、じつにすぐれた構造をもっていますから、今も引き継がれ、その原理が使われているのですが、それでも最初に考えた人の勇気には驚かされます。

堤防は土を堅く固めればいいように思われますが、どんなに固めても激しい水の勢いには勝てません。信玄堤は堤防をあえて切ったり、砂州をつくることによって、水が堤防にあたる衝撃を分散し、水の勢いを弱めているのですが、頭でその原理を考えることはできても、実際の場でそれをやってみることとは全然ちがいます。

堤防の授業を通して、その昔、治水にとりくんだ人たちのイキイキとしたエネルギーと子どもたちの生命のエネルギーが出会ったとき、そのエネルギーは、子どもたちに人間への興味や生きることへの挑戦をかきたてる力になっていくのです。

◉生きる技術をからだで学ぶ――生活や文化の授業

生活や文化の授業の場合、どの授業もまずは源をたどり、その過程を体験してみるということを大切にしています。だから作業はまず手でやってみるのです。たとえば、脱穀や衣作りなどです。すると手は痛くなるし、はかどらないことに気づき、からだは自然と手のかわりになる道具をつくりだしたくなっていきます。また、そのための技術をもつ必要が、からだからわいてくるのです。そこで、道具を自分でつくりだしたり、技術の工夫をとりあげてみるわけです。そうして、さまざまな道具は、手やからだが発展したものであることが分かってきます。また、コンピュータだとて頭のかわりをするものであることが分かってきます。道具は人間が使うもので、道具に使われるものではないという道具と人間の原点の関係がはっきりしてきます。こういう人間と道具との関係の過程から、技術をどんどん発展させていった人間の歴史が見えてくるのです。

なかでも、技術を発展させる一番の推進力が、残念ながら戦争であったことも分かってきて、それは今も変わらない面があることを知って愕然とします。いつの時代も、領土や人の略奪、いかに大量に人を殺すかという目的が、技術を飛躍的に発展させてきたのです。農業の技術より戦争の技術の進歩がはるかに急速だったのは、そのことを物語っているといえるでしょう。人間が非人道的な行為をしているという事実と、子どもたちは直面せざるをえません。そうして発展した技術の「恩恵」の上に、いまの自分の生活が成り立っている現実の前に、子どもたちは立ち止まるのです。

このプロセスを、決してからだから遠く離れた言葉で簡単にまとめてしまわないことが、授業を作っていく上での重要なポイントです。子どもたちに、「人間はおろかである」「人間はすごい」といった結論めいたことを簡単に言わせないこともとても配慮すべきところです。

また、鉄の授業もとても重要です。鉄は武器として使われてきましたが、農具をつくるためにも使われてきました。鉄の農具は、それまで不可能だった荒れ地や山林を切り開き、田畑を拡大していきました。住む家だけでなく、大きな建造物、神社、仏閣をつくるのにも多大な貢献をしました。一九七〇年から私は意識的に「鉄・農業・権力」という流れで歴史の授業をつくってきました。鉄の生産を中軸にして歴史を見てみると、人間の歴史を大きく俯瞰することができます。

来年には、高学年の子どもたちや親たちとともに、鉄作りにふたたび挑戦し、低学年、中学年の子どもたちにはさらに大がかりに田畑で野菜を育てること、蚕を飼って絹糸をとること、綿を栽培して糸をつむぐこと、食器をつくること、建物をつくることといった衣食住を中心とした作業をくりかえし体験するなかで、人間が生きるためにつくりだしてきた技術をからだで学ばせようと思っています。

子どもたちにとっては、まずは頭で知識として多くを知るという次元ではなく、実際に育て、つくっていく中で、人間の観察力や知恵に限りない信頼を抱き、人間の可能性に対して「すごいんだ」とたくさん感動することが生きる力にもつながっていきます。今はものがあふれていて見えにくくなってしまいましたが、一見、何でもないところに技術が生かされている、それを考えた人がいることに気づくことは大事なことです。そして、これらをさらに豊かに高めるものとして、芸能や芸術が加わってくるのです。

こういうふうに自分自身のからだをつかって体験しながら思考していく訓練をすることで、世界がシンプルに見えてきます。そして、自分がいま立っている位置がはっきりし、自分の道も分かりやすくなってくるのです。

◉数字が生まれるとき

数字はどこで生まれたのか、一万年前の人になって生活してみる授業をしました。今あるもので一万年前にはなかったものは何か、子どもたちと考えてみました。ビル、電柱、自動車、テレビ、ラジオなどたくさん出てきました。そういうものを全部とってしまったら、木、土、川、動物、植物といった自然のものだけが残りました。

「そういうなかでみんなが生活しているとしよう。さて、みんなは何を着ていますか」とたずねました。ターザンを知っていた子どもが「毛皮」と答えると、別の子どもは「皮なんか着てたら暑いよ」といいます。「でもはだかだと冬になったら寒い」「ターザンは毛皮を巻いてた」とさまざまな意見が出てきます。

まだ「衣」の授業にはとりくんでいないので、とにかく何かを着ていたことにしよう、ということにしました。また、どういうことばを使っていたか分からないから、「あいうえお」の音だけを使うことにしてみました。母音は子どもたちの内面を豊かに引き出します。この母音だけで相手が何をいおうとしているのか分かってしまうのですから、日本の子どもたちの表現力と、聞き取る力はたいしたものです。また、ことばの意味に頼らない音は、それを助けるための身振り手振りを大きくし、表情も豊かにしました。

しかし、そういうやり取りの中では、数字は必要なかったのです。農業がはじまって物々交換が行なわれるようになってから数字ができたとされていますが、すぐに正確な数字が必要とされたわけではないと思います。一と二だけですべての数字をあらわすオーストラリアの原住民の暮らしを応用すれば、物々交換も十分できます。数字はなくても生活は間に合うということに気づき、三つ以上が「たくさん」となる数の世界が納得できるのです。さらに二進法、五進法、十進法、十二進法、六十進法まで授業を深めていきました。このときも、ただそういう計算の仕方があると教えるだけではなく、それぞれの方法を使って、実際の取り引きを体験してみました。

実際に自分が大昔の人になって生活する立場で考えていくと、今のことばや数字の土台が体験でき、ことばや数字をより豊かな内容をともなって使うことができるようになっていくのです。そういうふうに世界が広がってくると、親から虐待を受けていたり、友だちとうまくいかなくてくじけていたりすることも、長い時間、空間のなかで考えたり、とらえたりすることができるようになり、この困難を感情の段階でなく、知的にも乗りこえていく原動力になるのではないかと思います。

◉日本人のアイデンティティ

こういう授業を通して、この大混乱の世界の中にも、人間の知恵がいたるところに生きているのが分かってきます。また、それらはさらなる発展を求めて、私たちにしっかり目覚めてとりくむよう声をかけ、ありとあらゆる命とつながって生きていきなさいと呼びかけています。最近、「日本の歴史」が話題になっていますが、大いに自分の歴史を見直してみようではありませんか。

私たちは、この一三〇年ほどの間、アメリカや西欧にばかり目を向けてきたといえるのではないでしょうか。それ以前は、日本は中国や朝鮮の影響を強く受け、中国や朝鮮の文化とつながったシルクロードをはじめとするアジアの影響も受け、そこからさらに日本独自の文化をつくり出してきました。私たちは、いま一度日本人の軌跡をたどり、アジアやロシアとのつながりを見直してみる必要があります。世界の平和は全アジアの平和なくして語れません。アジアがつながれば、世界平和が保たれ、私たちの精神は宗教の繁栄した中世を超えていけるのではないでしょうか。

二〇〇一年九月、アメリカで起きた国際貿易センタービル爆破などの一連の同時多発テロは、「新しい戦争」と見なされています。それをきっかけに、日本にある米軍基地が動きだしています。それこそが、一九六〇年の日米安全保障条約締結をめぐるこの国をあげての反対闘争のなかで私たち国民が危惧したことでもありました。日本にある米軍基地は、中国、北朝鮮、ロシアだけでなく、アフガニスタンやパキスタンなど中東にも向いているのです。そんな中にあって、子どもたちがアジアの一員としての自覚をもち、アジアとつながれるようにならなければ、世界は変わらないでしょう。

もっともそういう授業をするまでもなく、文化のほうはさきにつながってしまっているのが現実です。台湾の若者たちは日本の文化に夢中です。親がいくら日本人はひどいことをしてきたと言って聞かせても子どもたちは耳を貸さないため、親子断絶のような状態さえ生まれているといわれています。それに比べて、日本の若者がアジアの文化に目を向ける姿勢はまだまだ弱いのです。感情、感覚のレベルから、思考のレベルにまで高めて、私たちは未来をになう子どもたちがアジアをつなげる一員としての仕事ができるように、きちんと体系だったカリキュラムをつくる必要があるでしょう。

私は、世界平和と私たち日本人のアイデンティティを確立するためにも、北はシベリア、南はインドネシア、西はトルコ、アラビアにわたるアジアが一つの連合体であることを子どもたちがしっかり意識して、つながっていくことを学ぶ必要があると思っています。これまでにも断片的には中国、朝鮮、ベトナム、タイ、フィリピンについて、エビとバナナの授業のかたちでとりくんできましたが、いよいよこれを体系化していく必要を感じています。バナナについては、今は亡き鶴見良行さんが、ずいぶん力をいれて授業をしてくれたのですが、これも授業をつくりあげていく上で大きなヒントになるでしょう。また、第二次大戦中に日本がそれらの国々で何をしてきたかもきちんと学ぶ必要があります。

これから子どもたちが二十一世紀にどういう世界をつくっていくのかということの一つの参考になるような授業を提供できるよう、賢治の学校でも総合的なカリキュラムづくりを進めていきたいと思っています。

◉からだの自然を取り戻す

子どもの命の道筋に沿って授業を進めていくと、子どもたちはじつにおもしろいことをはじめます。本当に、子どもは学ぶことが大好きなのです。もし私たち大人がこのことに深く気づいていたら、今のような学校にはしなかったでしょう。もともと子どもは、はてしなく学びたいと思っているのです。人は生きているかぎり学びつづける生きものなのです。子どもは無理やり勉強させなければ学ばないと思う大人は、きっと学ぶことを強いられ、歪んでしまった人なのでしょう。

賢治の学校の子どもたちは、毎日、勉強しているという意識はもっていないようにさえ思います。それなのに親たちは、賢治の学校で長い時間子どもを拘束するから、家に帰ってきた子どもたちは疲れ果てているというのです。そういうことをいう親の中には、子どもだけ楽しんでもらっては困るという思いがあるようにも見える人もいたり、自分が子どもを疲れさせていることに気づかない親もいたりして、親が変化するのは大変だ、としばしば思います。

子どもが学ぶことにかぎりなく嫉妬し、子どもに力がついていくことをおもしろく思わない親が、実際にいるのです。自分が勉強がおもしろくなかったため、そういう気持ちがわいてくるのかもしれませんが、そういう親でも子どもを産み、やがて学校に入れるのですから、学校は本当に大変です。

いかに世界がおもしろく、しかも秩序と法則をもってできているのかということに驚き、感動し、興味をもつことができれば、大人がタッチしなくても、子どもは自分からどんどん学ぶようになるのです。そのためには、当然ある根気強さも必要になるでしょうが、それは自らの興味、関心に突き動かされているので、本人にとっては忍耐、根気などという次元のものではないのでしょう。そうなっていくためには、小さいころ、手と頭がつながっていくような遊びや学びを、授業や生活の中でたくさん保証することが大事なのです。

からだの自然を壊し、精神を病み、薬を飲まずにいられない人が多くなりました。もちろん多くの子どもたちもその予備軍です。人間関係だけでなく、環境の破壊も子どもたちを精神的にぎりぎりのところに追い込んでいます。子どもたちは「自然や世界は、手をさしのべて迎え入れてくれる」という体験をたっぷりする必要があるのですが、現実はその逆が多いのです。大人は大人の責任において、環境問題に取り組まねばなりません。

カエルの声と星のまたたきはつながっていると思っていた子どものころの感覚が忘れられません。カエルは仲間同士だけでなく、宇宙に向かって鳴いているように思えてならなかったのです。風景が子どもに与える影響は大きいのです。電線が横切る空と電線のない空、鉄塔だらけの山と鉄塔などない山、コンクリートで固めて護岸工事がされた川と自然の川ではまるでちがいます。さまざまな工事の過程で自然が傷ついていくわけですが、この傷を大人の目がとらえるのと子どもの目がとらえるのとではそのショックの大きさは違うのです。子どもたちはことばにできませんが、大人よりもはるかに自然に近いからだをもっているその心の傷はあまりに深く、はるかに大きいことを大人は知らなければなりません。

この宇宙の、この地球の命はすべてつながっていますから、大人でさえ、傷ついた心を癒すため、からだの自然を取り戻すため、自然の力を借りることが多々あるのです。

「夕焼けこやけ」の歌は、実際に手をつなぎ、夕焼け空を見ながら歩いてみると、歌の中で流れている時間が子どもの時間であることが分かってきます。夕方になると親が車で迎えにきて、すぐ帰ってしまうようでは、あの歌はからだの中から出てこないのです。子どもが空やカラスに呼びかけながら歩くリズムがあってはじめてうたえる歌です。子どもたちと向き合えるからだになるには、からだの中を流れている時間が子どもと同じにならなければむずかしいでしょう。親や教師は、子どもと向き合うとき、このことをまず自分に問わねばなりません。自分のからだの中を流れている時間は、今どうなっているのか、と。

人は、内的なものを深く体験するとき、時間が止まったり、速くなったり、遅くなったり、一瞬のうちに何万年もの昔に戻ったり、はてはとてつもない未来へ行ってしまうようなからだをもっています。親や教師は、もっとからだの中の時間の速さが自由になるような体験をする必要があるでしょう。そうでなければ、とても子どものからだと向き合うことはむずかしいのです。それは子どもだけでなく、自分自身と向き合うことも困難にします。

二〇〇一年七月一一日、ＮＨＫのスタッフが賢治の学校に取材に来ました。子どもたちと野外観察をしたのですが、二人の子どもが、根川という川の石垣の中にあった長いヘビのぬけがらを二本見つけました。おそらくあまりにもタイミングがよかったからでしょう。ＮＨＫのスタッフに「石垣にうめていたのですか」と聞かれました。もちろん、そんなことはありません。「子どもというものは、いつも色々なものを発見するものなのです」と、私たちは大笑いしました。

5 「学ぶ」ということ

エポックノートに向かう

人は、自分が満足すると、自然に人ともそれを分かち合いたくなる生きもののようです。また、少しでも何かの役に立ちたいという気持ちも持っているようにも思えます。そしてそれをすることで自分の喜びや満足度も大きくなり、何かがそこで一瞬一瞬完結されていくからだの感覚を持っているように思えるのは私だけではないでしょう。自分で背中をかくより、他者の手で背中をかいてもらったほうがどれほど気持ちがいいことか。私たちのからだや心は、他者という回路を通して、気持ちよさが増幅されるようになっているのではないでしょうか。

だれかの役に立ちたいという思いがもっと表に出てくれば、学びは自分だけのためでなく、人の役に立つためにも学びたい、というふうにおのずからふくらんでいくのです。「自分なんか何の役にも立たない」ということばも、よく考えれば、その人の中に何かの役に立ちたいという強い思いがあるから出てくるのでしょう。できないと思い込むいらだちも、できるようになりたいからわいてくるのと同じことです。また、自分を価値のない人間と決めつけ、「そんなことないよ」とだれかにいってもらいたくて、あえて自分に対して否定的な言い方をするのかもしれません。

かつては、「お国のために」というはっきりとした目標がありました。私の子どもの頃は、敗戦から立ち上がっていくため、社会をなんとか復興させたい、食べものをおなかいっぱい食べられる社会をつくりたい、という切実な目標がありました。でも、現在のように社会が豊かになり、これ以上豊かになる必要がなくなると、何が目標になるのでしょうか。悪化する環境をどうすればいいかについて考えない人にとっては、学ぶ目標ははっきりしないかもしれません。お金もそれほど必要ないし、そんなことより時間的な余裕があるほうがいい。一所懸命に働いて、休む間もない親のような生活はちっともよく見えないし、おもしろくもないように感じている子どもはたくさんいることでしょう。

では、目標のある人とはどういう人でしょうか。分かりやすいのはスポーツ選手でしょう。大リーグで自分の力を試したい、オリンピックに出たい、サッカーの選手になりたいといった具体的な目標があると、それに向かって邁進することができます。もちろん大きな脚光を浴びるのはほんのわずかな人たちにすぎませんが、それでも何かの目標があると、人は力を発揮しやすいといえるのではないでしょうか。環境問題をはじめ、何らかの問題を解決するために科学者になりたい、そのための運動をしたい、といった動機から、元気が出てくることもあります。

いずれも、人に評価されることで、より自分の存在の大切さを確認したり、人が喜ぶのを見て自分の喜びが増幅されていくものが人の中にはあるのでしょう。おそらくからだは、めざす目標そのものを重視しているというより、目標を自分の中のエネルギーや能力を引き出すきっかけにしているだけなのかもしれません。

◉小さな子どもに判断させせない

日本の教育のあやまちの一つとして、親や教師の権威がなくなったことがあげられます。親や教師には、いい意味の権威がなければなりません。いい意味の権威とは、その人の行動や考えが、人の道、命の道に沿っているとき、はじめて全身からかもしだされるものです。幼い子どもがそれをまねれば、基本的に自分自身の命をまっとうして生きていけるもととなるものが、そのからだから放たれているのです。こういう大人たちは、幼い子どもに決して判断させたりしません。自らの行動を子どもが写し取っていることを知っているため、つねに先頭に立って、子どもたちが後ろからついていける模範となる行動をします。

ところが、力のない大人は、幼い子どもにすぐに判断させようとするのです。教師も親も、それをさせることがその子どもの将来に大きな力になることを見通して、「これをしなさい」と自信を持って子どもにいえる力を備えていなければなりません。小さな子どもにまで「するの、しないの、どっちにするの」と判断させている親は、おそらくわが子を自分のことは自分で判断し、物事を決めることのできる人間にしたいと考え、子どもを尊重して聞いているつもりなのでしょう。

しかし、これは大きな間違いです。こういう問いを発する親は、じつは親自身、どちらがいいか明確に判断できないため、子どもに決めさせているにすぎないのです。幼い子どもは親の判断をもとにして、自分で判断できる力をたくわえ、判断の基準を決める大人になっていくのです。

くりかえします。小さい子どもに判断させてはいけません。「したくないなら、しなくていいのよ」ということばは、子どものからだにとって、それをすることの意味が見えていないままさせようとしているから、そういうことばになるのです。権威があればさせるのです。それは決して強制ではなく、子どもも自由にするのです。子どもは興味や関心がとても強く、何でもやってみたいものなのです。道筋さえ見通しておけば、死ぬまでいろいろなことに挑戦して、何でもしたがるはずなのです。たとえ失敗しても、繰り返しチャレンジする気持ちをもともと持っているのです。

小さいときに正しい権威をもたない親から支配されて育ったトラウマを無自覚にもっていると、「私は自分の親のように子どもに強制しない。子どもに判断させる。それが民主主義だ。自発性・自主性を大切にすることだ」と勘違いすることがしばしば起きます。こういう現象は、団塊の世代といわれた人たちが親になった時によく起きているように思います。おそらくそれは、戦争から戻ってきた親に強制されて育ったことがトラウマとなって、からだに残っているからでしょう。「あんな親にはなりたくない。子どもの意見をよく聞く親になりたい」と思って、親と反対のことをしようとしたのでしょう。

しかし、このやり方はまちがいです。そのやり方では、子どもの話をよく聞き、判断させることではできないのです。乳幼児は、少年や青年とは違います。親や教師は、その子どもがどういう時期なのかを知って対応しなければ、思いは形や動きになっていきません。幼児、小学生の間は、子どもは親や教師が与えるものをするのです。大人からきちんと与えられた子どもは、人の道の枠を知り、自由を感じるのです。そうしているうちに、自分にとっても人にとっても社会にとってもいい判断ができるようになってくるのです。

◉学習は楽しい

子どもたちにすれば、学習は楽しいという思いが確かにあるのです。でも、日常的にそのことを追求していないと、「ああ、そうか。そういうことだったのか」と納得することは少ないかもしれません。自然とつながっていないからだは本当に大変です。つながっていると、どうして朝顔はねじれて開いていくのだろう、あの鳥は何だろう、何といって鳴いているのだろう、とからだが自然に関心をもちます。私たちがまったく自分と関係のない人や知らない人には関心をもたないように、はっきりつながっているもの、何らかのかたちで働きかけられるものに対しては、人は自ら関心を持つのです。

自分自身に関心をもっていくと、存在とはなんだろう、命とは何だろう、人間とは何だろう、という問いに至ります。頭だけで考えるのではなく、もっと手足で感じ、目、耳、鼻、舌、口、内臓全体で感じ、第六感を働かせたからだ全体で感じることが必要です。みかんも、手で触れ、香りをかぎ、味わってこそ、その内側と外側の感触の違いが判別でき、その手触りがからだにさまざまな感覚を呼び覚まし、イメージを喚起させるのです。同じように、たくさんのものに触れたり、見たりすることを通して、対象に対して関心をもつようになります。

ところが、そういう体験が少なくなってきているだけではなく、関係も切れてしまい、バラバラになってしまった感覚は、存在や人とのつながりあいを深めていくことができず、学ぶ活動を表面的なものに止めてしまっているように感じられます。これでは学ぶことが発見や感動、表現、創造をもたらすものになりません。こういう閉じた感覚を持つからだが、学びをおしとどめている大きな原因の一つでしょう。

それまではつまらなかった先生の授業が少しおもしろくなったら、勉強することがおもしろくなった、という子どもたちからのアンケートを見て、ある校長先生が学校の方針を変えました。そして、先生たちが授業で子どもたちと正面から向き合い、勝負するようにしたところ、子どもたちが「授業が楽しくなった」と顔を輝かせた、という話を聞きました。この変化は授業の中身以前に、子どもたちに向き合おうとする教師のエネルギーが授業を気の満ちたものにし、子どものからだを揺さぶったともいえるように思います。

しかし、どのくらいこれが持続するか、です。教師のからだが生き生きとつねに生まれ変わっていかなければ、一時的な現象に終わってしまうことも十分考えられるからです。なぜなら、教師という仕事は、つねに新しく自分を生まれさせなければできない仕事だからです。

また、教師の授業をつくる仕事の困難さは、子どもたちの生命力が萎えてきていることとも関係しています。子どもの集中力が持続しなくなった原因の一つとして、子どもたちの肉体としてのからだが育っていないことにも注目する必要があります。たとえば、子どもたちの背筋は非常に弱くなっています。上に伸びていこうとする気が希薄なことも関係しているかもしれません。すぐにぐにゃっとなり、胸が落ち込み、寝そべってしまうか、何かにもたれていないといられないようなからだをしているのです。

ですから、以前にもまして、肉体としてのからだを育むことにも力を入れなければならないでしょう。さらに、自分が楽しいかどうかでなく、どのくらいできるかを問題にされることに振り回され、いつも人の評価を気にするような子どもには、特別な日常的配慮が必要です。とりくむ前から人に否定される幻聴のような声まで聞こえてくる子どもさえいるのですから、これらに対応できる教師になるには、よほどの力がなければむずかしいということになります。

また、未来への不安、親の不仲による不安、幼児期からのトラウマによる不安などが、子どもの心のバランスを危ういものにしています。これらの不安から生まれるエネルギーは子どもたちの生きるエネルギーを著しく消耗させ、心もからだも疲れさせています。教師はこれらの心の動きにも目を向けなければなりません。そしてその子の親がこれまでどのようにして子どもを育ててきたのか、その歴史を把握していなければ、個々としての子どもを見ることはとてもできないのです。

◉苦しみから学ぶこと

あってはいけないと思われていることの一つに「苦しむこと」がありますが、はたしてそうでしょうか。それがあるからこそ、人はその苦しいからだを何とかしようと歩み出し、解決しようと努力するのではないでしょうか。人の道とは、苦しみを体験する権利を与えられている道のようにさえ思えるのです。楽な暮らし、楽しい暮らしがしたい、人生とは楽しいものだというとき、楽は苦があってはじめて感じ取ることができるものであることを忘れがちなように思えるのです。

この七年間、全国各地で何万人もの人々の心の悩みと向き合ってきましたが、苦を、自分を成長させる宝にできない人がこれほど多かったのかと驚きました。そういう人たちは、苦はいけないもの、あってはならないものという情報に振り回されているように思えました。そしてその中の多くが「苦しんでいる自分はみじめだ」「不幸だ」「そういうふうにした親が悪い」と短絡的に思いこみ、親をうらみ、攻撃していくことに苦しむエネルギーを使っていたのです。これでは苦しみが自分の人生を自ら引き受けていく力にはなっていかないでしょう。

昔からいわれてきた「苦は楽のタネ、楽は苦のタネ」は、色々考えさせられることばですが、「苦」を否定していないところが、じつにおもしろいのではないでしょうか。しかし、人が本当に苦しめるようになるのは大変なことです。自分がしていること、人類がしてしまったことを、ごまかさず、真っ正直に見つめなければ、本当に苦しむことなどできないからです。たくさん寄り道をし、失敗し、ぶつかりながら、一つ一つ積み重ねていくことが少なくなったのではないでしょうか。

今の小中学生の親は、だいたい一九六〇年から七〇年頃に生まれています。六〇年前後はまだ路地裏が残っていたり、子どもたちが群れて遊んだりしていました。六五年くらいになると、少子化が急激に進み、子どもは二人くらいになりました。両親が勤めていますから、幼稚園や保育園、学童保育で子どもたちは遊んでいました。子どもたちは大人たちが管理している中で遊ぶようになり、子どもどうしで工夫して遊ぶということが少なくなりました。

私の子どものころは幼稚園などはありませんでしたし、子どもの数も多くて、子どもは群れて遊んでいました。そうすると、いろいろな問題が起きても自分たちで解決することになるため、年上の子どもが年上らしかったのです。ところが、今の子どもたちを見ていると、年上がまったく年上らしくありません。子どもが年上らしくふるまうことに対して、年上としてがまんさせられたトラウマをもっている親は自分の生い立ちと重ねて、どこか抵抗を感じているようです。

親が、わが子にはがまんさせないで、自分の思っていることをいわせようとする態度にも、親のそういう気持ちが表われています。そうすると、年上だからといって、小さい子どものお手本にならなくてもいいことになり、お手本になること自体がとても嫌われることになっているのです。これが子ども集団ができない大きな原因です。年上の子は年下の子のお手本になり、守ることによって、自分を大人へと成長させていくチャンスをもらえていることが分かっていないのです。

子どもの歴史をふりかえってみれば、下のものが上に学ぶことによって、どんな文化も年上から年下に伝わってきている事実を知ることができます。好むと好まざると、年上の子どものすることは、年下の子どもの模倣する対象になっているのです。ですから、当然、年上の子は年下の子が学ぶだけの値打ちのあるもの、力を持っていなければならないのです。しかし、残念なことに、今はそれがありません。子どもが大人になっていく機会が著しく少なくなってしまったのです。塾や習い事で忙しくなった子どもたちは、群れて遊ぶことがなくなり、子どもたち同士も親もバラバラになり、個々の家庭に閉じこもっていったのです。

親の収入が増え、子どもにお金をかけられるようになったことが、その現象を加速させました。一方、子どもたちも親の期待を裏切らないよう、たくさん習い事をし、水泳やバレエにはげみ、バイオリンやピアノもひけるようになりました。それらの多くは、親が子どもの時にしたかった夢の実現でもありました。学力の威力を知った親は、塾での成績が上がることにも強い関心を寄せて一喜一憂し、子どもはそれに応えて一生懸命にがんばってきたのです。

ところが、その子どもたちがやがて親になったとき、「親は全然私の面倒を見てくれなかった」「私は一生懸命親の期待に沿って生きてきて、子どもらしい子ども時代はまったくなかった」といいだしたのです。そして、自分は年上として我慢させられて、お母さんは弟や妹ばかりかわいがっていた、という怒りを親にぶつけはじめたのです。そういう親たちに、今の子どもたちは育てられているのです。こういうふうに考えていくと、子どもをどうするかというより、親自身が自分自身がどんな育てられ方をして、どんな問題をもっているのか、またそういう人たちが教師になっていれば、自分がどんな問題を持っているのか、を考えてみる必要がでてきます。しかし、自分にどんな問題があるのかということ自体、分かりにくいのです。

たとえば、教師の中には、自分が親から愛してもらえなかった分を教室の子どもに求めて、子どもから慕われることにこだわる人がいます。また、「うちのクラスの子」という言い方で子どもを無意識に私物化してしまうこともおきています。あるいは、他の教師や親が教室に入ってくるのをとても嫌がる人もいます。どうしてそうなってしまうのでしょうか。教師によっては自分が監視されるような感じがするというだけではなく、子どもを取られるという気持ちが働いてしまうという人もいます。

自分の教え子に他の人が関心を抱いてもらいたくないというのは、いったいどこからやってくる感情なのでしょう。あるいは、子どもを自分の手足のように使う教師、自分のもののように使っていることにさえ気づかない教師もずいぶんいます。これは親についても同じことです。

こういう心に支配されているため、心配で学校を休めない、という教師もいるのです。いつも自分がどういうことをしているかばれるのがいやだとか、自分のクラスの子どもを他の教師に触れさせたくないという心も動いているのです。

自分の教室をたえずオープンにして、自分がしていることは本当に子どものためになっているかどうかをいつも誰かに見てもらったり、アドバイスしてもらったりすることを教師はしなければなりません。

◉学べない背景

情報化社会のなかで、いろいろな人が、自分も同じように苦しいとか、自分も生きにくい、生きている実感がない、毎日が全然リアルじゃないといったことを、テレビやラジオでよく話すようになりました。新聞や雑誌でもよく同じようなことを目にします。すると、「ああ、自分もそうだ」と思う人がたくさん出てきます。

そしてその原因の一つが親の育て方にあるといわれると、自分が苦しいのは親の責任だとなってしまい、なかなか自分で引き受けられなくなっていきます。そうなると、親が悪いということばを鬼の首をとったかのようにさかんに使い、自分でこの問題に取り組んでいく努力をしなくなっていく人が出てきます。こういう大人になれない大人が大変な勢いでふえています。

彼らは、親からの電話には絶対に出ない、親の声なんか聞きたくない、一緒になんか住みたくないといったように、できるだけ親と距離をとろうとするのです。親と実際に距離をおく必要があるのは、自立していないからです。自立していれば、親がすぐそばにいようといっこうに構わず、自分でやっていけますから。

しかし、とりあえず距離をとって、親と自分を切り離し、親の影響を受けないようにして、自分を少しずつ育てていくという時期もそういう人にとっては必要です。なぜなら、小さいときからさんざん親の期待に沿っていい子で生きてきたために、親がそばにいるだけでその時のからだに戻ってしまうというトラウマをもっているからです。そういう自分を情けないといちばん強く思っているのは、じつは本人なのです。

ところが、自分だけではなく、多くの人が自分や親に対する怒りのような感情をもっていることに気づきはじめると危険も生じてきます。というのは、とても安易に親の責任にするという方向にからだが行きすぎ、自分で努力をしないこともおきてくるからです。少し冷静に考えたら、その親にもさらに親がいて、その親やそのころの社会にも大きな影響を受けていることが分かるのですが、そういう人は往々にして、そのことに気づきたくないという心の動きが一方で強く働いてきます。それに気づいてしまったら、この問題に自力でとりくまなければならなくなるからです。

サトルくんのお母さんのノブヨさんは、長い間、両親を憎んできました。でも、賢治の学校でのワークを通して、彼女のお父さんが戦争でたいへんな傷を受けていることが分かりました。お父さん自身、生きていることが楽しくないような人生を歩んできているのです。農家の長男として、継いだ田畑の仕事をおもしろいものにできませんでした。また、嫁いできたお母さんも、姑から「子どもの面倒を見るような楽な仕事は年寄りの仕事で、嫁の仕事じゃない。嫁は田畑で働け」といわれ、子どもの面倒をみたことはないというのです。

母親に世話をしてもらえなかったノブヨさんは、とうとう心の病気になってしまいました。「私をこういう状態にしたのは親のせいだからお金を出せ」「そんなやつには出さん」といったやりとりが何年もくりかえされ、しょっちゅう親子で衝突していました。それでもあきらめずに自分自身の問題にとりくんでいるうちに、親が自分の面倒を見られなかった背景が分かってきた彼女は、実家に行き、今まで口をきかなかった本音や、うまく関係をつくれなかったわけを話し、「小さいときから自分は親に面倒を見てもらえなくてさびしかった」と話すことができ、両親と和解したのです。

そのとたん、長い間、自分の苦しみを親のせいにするパターンを支えに生きてきたノブヨさんは、その支えを失ってしまいました。自分の苦しみを自分で引き受けて生きていくスタートラインに立つことを余儀なくさせられた彼女は、再びひどいうつ状態になってしまったのです。それまで何でも親のせいにしてきた彼女が、自分の苦しみを自分で引き受けるところに立ったということは、彼女にとっては大きな一歩です。でも、自分にそんなことができるのだろうか、と不安になっても無理はありません。大きな一歩を踏み出す前の不安が、うつを招いたのかもしれないのです。彼女は、子どもの身の回りのことに関心が配れるほど心の覚悟ができていなかったため、子どもの面倒を見られなくなってしまったのです。

ひと昔前なら、ノブヨさんのような親には「そんなぜいたくな」という非難の声が浴びせられたことでしょう。でも、彼女は「生きていても意味がないから死にたい」と、これまでずっと思い続けてきたのです。こういう親のもとにいたサトルくんが、毒蛇や毒を注射して人を殺すことに関心をもったり、「車道に出て死んだら」などと人に対していうような子どもになっても不思議はありません。

しかも、そんな状態のサトルくんに対して、自分が生きることが一日一日苦しいノブヨさんには強い関心がもてないのです。「子どもはこんなお弁当つくってとか、何だとかいちいちうるさい」というのですから、親としての資格が問われる状態です。彼女は勤めに出ているわけでもありませんから、お弁当をつくる時間は十分にあるのですが、それができません。それどころか、時には「つくってやるもんか」という心さえわき上がってくるというのです。その果てに、「つくってやってるんだから、感謝しなさい」と、とても押しつけがましいいい方になってしまっているのですから、事情を知らない人がこれだけを聞けば、母親失格もいいところだと思われるでしょう。

そういうふうですから、サトルくんは勉強するどころか、学ぶ状態にはなかなかなりませんでした。いつもぼうっとして魂が抜けていく状態になるのです。今は少なくなりましたが、以前は遊ぶときにもしょっちゅう誰かを仲間外れにしていました。一見弱そうで何もいえず、下を向いてぼうっとしている彼が、遊ぶときに平気で人を外したり、「お前なんか死ね」と突き放したり、二〇歳すぎの若者が「だめだ」といっているのに、向かっていったり、パンチを食らわしたり、背中から登っていったり、足にしがみついて動けなくしたりするのです。

サトルくんは、きっとお母さんやお父さんから似たようなことをされているのでしょう。お母さんは「あんたなんかいつでも捨てちゃうよ」という感じになってしまいますから。夫もそれをおかしいと思わず、「苦しいから子どものめんどうを見て」と彼女が頼むと、「会社を辞めろというのか」といい返すような状態で、話がまるでかみあいません。追い詰められた彼女は、自ら病院に入ったというのですから、夫婦の関係もばらばらだったといえます。

それにしても、彼女はどうして子どもを産んだのでしょう。本当に不思議です。これだけ子どもの面倒を見られない人のところに、どうして子どもが生まれるのでしょうか。子どもの面倒を見たくないのにどうして子どもを産むのでしょう。このことは、本人だけでなく私たちもまた、深く考えてみる必要がありそうです。こういう人は、精神が不安定になると、「お母さん」と子どもが寄ってくることがたえられなくなり、「お母さんは産みたくなかったのに、あんたが勝手に生まれてきたのよ」と、子どもが生まれた原因を子どものせいにできるのです。

こういう子どもには、よほどのケアをしておかなければ将来が心配です。おそらく公立学校ではここまで個々の子どもをみることは難しいでしょう。こういう意味でも賢治の学校がこの社会の中にいま存在する必要があるのですが、こういう子どもたちを数多くみることは不可能です。さまざまな大事件を起こした人たちも、きっと幼い時に彼らの命の道に沿って育てられていれば、事件を起こさずにすんだでしょう。

「私はこの子はきらいです」と親にはっきりいわれた子どもは、一緒にいながらにして子捨てにあっているようなものですから、本当にかわいそうです。しかし、親子の因縁の関係は、意識ではとらえられないさまざまな要素が複合されているのでしょう。彼女だけでなく日本全国でたくさんの親たちのワークに立ち会ってきて、子どもの面倒を十分見られない親が驚くほどいることを知りました。公立学校はこういうきめ細かな対応を必要とする親の子どもたちも受け入れざるをえないのですから、本当に大変です。教師にとっては、とてもできないようなことをさせられているともいえます。

いま日本の学校の抱えている問題の根の深さを思う時、賢治の学校の存在の大切さをよりいっそう感じるのです。どんな親であっても、子どもは親を求めるのです。こういうふうに多くのケアを必要とする子どもたちへの対応がもっとよくできるよう、行政まかせでなく、私たち教師は親とともにとりくまなければなりません。

いったいこの国では、これまでどんな親子関係があったというのでしょうか。つくづく私は自分の体験をベースにしてしか想像力が働かないことを思い知らされます。親が子どもを虐待したり、子どもから親への殺傷事件が次々に起きている状況からすると、これは氷山の一角。こんな子どもは何万、何十万といるでしょう。

◉体験をともなわない「勉強」

人間のからだは、「飢え」には強かったといわれています。飢えると、何とかして食べものを得るため、みんなで力を合わせます。それを通してみんなの絆が強くなっていきます。ところが、いまや食べるものが胃袋めがけて押し寄せてくる、飽食の時代になりました。人類はその歴史において飽食に慣れていません。二十世紀の終わりになって、ようやく食べることが十分満たされるようになったばかりで、まだ知恵をもたないのです。

食べるものを得るために家族が協力するのではなく、お父さんが見えないところで働いたお金で食べものを得ている家庭の子どもと、私の子どものころのように、両親が働く姿をいつも目の当たりにして育った子どもの認識とは大いに違います。前者の家庭の子どもからすると、休みになるとごろごろしてからだを休めているお父さんに、子どもが「お父さん、遊んで」と頼んでも遊んでくれないと、父親が不満の対象になります。お母さんは「私は毎日子どもの面倒を見ているのに、いつもは面倒を見ないのだから、たまには遊んであげて」となり、子どもと親が一緒に楽しむというより、知らず知らずのうちにお互いに子どもを押しつけあってしまいます。これは子どもにとっては自分が邪魔者、厄介な存在にされていることになります。

私の両親は、搾油業を営んでいました。五人きょうだいの長女の私は、子どものころ、店番をしたり、妹と二人で食事の用意をしたり、きょうだいの世話をしたり、掃除やふろたきをしたりして、ごく自然に家族が力を合わせて暮らしていました。両親は、子どもが仕事をしなければ倒れてしまうのではないかと思えるほど働いていました。機械が動いている時間をぬって、わずか五分、一〇分といった短い仮眠をとらなければからだがもたないほど、部屋に入るにも上がり口の柱を両手でつかんでからだをぐっと持ち上げなければ足が上がらないほど疲労していました。

したがって、親からいわれなくとも、子どもはその労働力の一翼を担うことを当たり前としていたのであって、親の仕事を手伝うという感覚ではまったくないのです。同時に、そこで働くことでたくさんのことを学びました。お店に来るさまざまな人間は、社会に出会ういいチャンスをつくってくれました。また、自分が食べることができるのは両親の働きがあってこそだということを、身をもって日々体験し、自ら両親への感謝の念を持って生活していたのです。

ところが今や、教室で豚を丸ごと一頭食べるような授業をしなければ、食べることさえもが生産とのつながりで見られないような社会を大人たちがつくってしまいました。子どもたちが住んでいる地域では、それらをからだで知る機会がなくなったのです。物が豊かになっていくと同時に、学習は紙の上だけ、文字の上だけのものになって、実体験が伴わず、実感もわかないものに変わってしまったのです。

教科書が問題になっていますが、乱暴ないい方をすれば、教える現場では、教師さえしっかりすれば、どのようにでも対応できるのです。反対に、どれだけいい教科書を使っても、教師がだめなら意味がありません。教師は真剣に人間として成熟していくことにとりくみ、何が子どもにとって大切なのか深く学んでいかなければなりません。教師が教師になる前もなってからも、本当の学びをしていなければ大問題です。教師が学ぶことのおもしろさと重要さを深く体験していない状態では、子どもに授業などできません。

また、学ぶ状態になっていない子どもたちに、算数の問題が解けるように教えても、どんどんやる気がなくなり、「やらされるからだ」の大量生産をするだけです。そんな状態では「学ぶ」ことが子どもたちのからだにとって意味のあるものになったり、生活とつながり、社会や自然の不思議、おもしろさがわき上がってくることにはならないのです。

たとえば、数学が子どものからだにとって意味のあるものになるのはどういう時でしょう。人類は何百万年も数学を必要とせず生きてきたのですから、授業の中できっかけをつくらなければ、数学への関心は深まりません。ものを買ったりする中でわずかなお金のやりとりがあったとしても、数学そのものとすぐにつながるわけではありません。農業をやっていれば、生活のなかに具体的な技術やことばや知識、暦が必要になります。そこからたくさんのことばや行事が生まれ、天候や土や水、作物の特性についての知識や知恵、たがいに助け合える村という共同体の存在が必要になってきます。そういう共同体のなかにあっては、親や大人から自然にそれらや必要なことばを獲得していきます。

今ではそのようなものはすべて受験用のことばとして、たとえば四文字熟語といった形で記憶させられます。四文字熟語をつくった人間の工夫のおもしろさを感じたり、自分のなかで、そうだ、こういうことがいいたかったんだ、といった的確な表現が生まれる体験をするからだがないまま、試験のためのことばとしてどんどんからだにねじこんでいくのですから、ことばはますますからだの実感を離れて、頭だけのことばになってくるのです。

◉高さを教える――平行四辺形の面積

平行四辺形の面積は、どうすれば出せるでしょう。さまざまな求め方がありますが、教師が決まった方法で面積を出す考えを子どもにもってほしいと思うようでは、授業のつくりかたとしては間違っています。子どもに教える時、子どもの生活や子どものからだのどういうところから面積を出す必要が出てくるのか、まず考えてみなければなりません。

面積を出すとき、高さがはっきりする必要があります。長方形は高さがはっきりしていますから、底辺×高さで面積が求められます。ところが、平行四辺形になると辺と辺の角度は直角ではなくなりますから、高さの概念を教える必要が出てきます。

では、高さとは何でしょう。たとえば、黒板に山の図を書いて、高さはどこか線を引かせてみてもいいでしょう。かならずしも垂直が高さと答える子どもばかりでなく、斜めの稜線を高さという子どももいるでしょう。次に、なだらかな低い山と、急勾配の高い山を比べてみます。すると、稜線は短くても、急勾配の山のほうが高いことが見て分かります。

高いというときどこを見ているかに注目させ、高さとは垂直に下ろした線のことをさすということにたどりつくまで、丁寧にとりあげる必要があるのです。二次元の面に書かれている線を長さとして見ることはできても、高さのある三次元として図形を見ることは簡単ではないのです。三次元として見られるようになる段階をふまないまま、機械的に平行四辺形の面積の求め方を教えようとするのは無理なことです。高さに気づくということは、子どもにとってもおもしろいことです。子どもたちは、身長や積木の高さなどを比べたことは何度もあっても、それをことばにしてみることにはほとんどとりくんでいないのです。

では、高さはどういうときに使うのでしょう。日頃よく使っていることばであっても、誰にでも通じる一般的なことばにするのは簡単ではありません。だからこそ、おもしろくもなるのです。いろいろな意見が出て、お互いに論破しあって、おもしろい授業になるのです。ああでもない、こうでもないという試行錯誤が組み合わされるうちに、頭の中で整理され、空間の把握が立体的になり、垂直にまっすぐに下りるとはどういうことかだんだん分かってくるのです。

6

人からしか学べないこと

萩原軍一先生の自然農指導

教師が自分の孤独やさみしさを自分で引き受けることができず、個として立つことができずにいると、子どもに好かれたいという気持ちがわいたり、子どもの中で起きていることが見えなくなります。そういう教師の思惑は、すぐに子どもにも伝わります。こういう思いに振り回される人が教師になると、子どもに毅然とした態度がとれず、ひどい場合は、無自覚に子どもの機嫌をとることまでしてしまいます。

子どもは、〇歳から七歳まではおもに親の強い影響下にあって、親や兄弟をまねして大きくなりますが、小学校に上がると、今度は家族だけではなく、外の、大人や教師、友だちのまねをして生きていくようになるのですから、教師の役割は大きいのです。

そのため、こういう時期の子どもにとって、どういう教師に出会えるかは大問題なのです。教師が教師としても人間としてもいい意味の権威をもっているかどうかによって、子どもの一生は大きく影響されてしまいます。親からの圧倒的な影響には及びませんが、教師がきちんとした権威を持ち、子どもに、子どもが子どもとして生きるとはどういうことか、人の道とは何なのか、ことば以上にからだで伝えなければなりません。これができていないことが、今の日本の大きな教育問題の一つです。

教師がいい意味の権威をもっていれば、学びはどこに行っても通用する力を子どもに与えます。子どもたちが人を極端に恐れ、目立たないようにする必要などなくても、安心していられる状態を作ります。学校や教室を、他者のいうことに耳をかたむけながら、自分が自分のままでいられる場にしていきます。

◉増田先生から教わったこと

私が子どもの頃、近所に増田先生という私立の女子高校の先生がいらっしゃいました。まだ一年生にもならない幼い私でも、先生のお宅にうかがう時は、きちんとした立ち居ふるまいが要求されました。その体験は、長じてからの私を、どんな場所に出ていっても、ものおじせずに行動させるだけの力を持っていました。それがいい意味の権威です。増田先生は、特別厳しく私に指導をされたわけではありません。でも、先生はとても気品があり、自らもそのようにふるまわれるので、そばにいるだけで自然にそれを学んでしまうのです。それは私にとって快いことでもありました。

先生は、単なる礼儀作法としてでなく、先生の人柄、存在の仕方そのものによって、「人はこういうふうにふるまうものだ」と教えてくれていたのです。「かわいい、かわいい」といって侵入してくるのではなく、六歳の私に対して、先生と子どもというほどよい境界線を引き、私を一人前の子どもとして迎え、対応してくださいました。お茶の作法も、先生は優しく、穏やかに、心の奥底に笑みをたたえて教えてくださったのです。

今思えば、明治生まれの人のもつ、余裕のある、何とも表現しがたい安定した、心の落ち着きのある一挙手一投足がないがしろにされず、気に満ちたものだったのでした。それだからこそ生まれた、ここちよい緊張のある空間が、半世紀以上たった今も、リアルにからだに残っているのです。しんとした座敷と、先生と向き合って座っているときの静けさや流れていた空気が、今ここに、このからだの中心にあるのです。最近まで意識しませんでしたが、それがどんなに大きな力をもって私を支えていたか、今になって分かるようになったのです。幼いときにどんな大人と出会うかが、人の一生にこんなにも深い意味のあるものをもたらすということが今だからこそよく分かるのです。

教師は、そういう存在にならなければなりません。そこが分かっていないから、子どもに迎合したり、子どものご機嫌をとったりするのです。しかし、この場合の「分かる」ということは頭のレベルではないので、容易ではありません。権威のある大人と出会う体験のない親や教師が、どうやってそういう体験をしていくかは、大きな課題です。小さいときに、いい意味の権威のある人、いい年のとりかたをしている大人に出会っていく必要を痛感します。賢治の学校でも意図的にそういう大人を迎えてのとりくみを始めています。

若いお母さんは、若いお母さんだけでグループをつくって固まってしまいがちですが、いい年をとっている大人と接触する必要があるのです。今この日本で、親も子どもたちも年上の人から学ぶという関係が切れてしまっているのはとても悲しいことです。人は、ことばでなく存在からしか学べないことをたくさんもっている生きものなのですから。

◉想像力をかきたてる——カエルになる授業

草野心平の「春のうた」という詩があります。「かえるは冬の間は土の中にいて春になると地上にでてきます。そのはじめての日のうた」という前書きがあり、「ほっまぶしいな　ほっうれしいな水はつるつる　かぜはそよそよ　ケルルンクック　ああ　いいにおいだ　ケルルンクック　ほっ　いぬのふぐりがさいている　ほっ　おおきなくもがうごいてくる　ケルルンクック　ケルルンクック」という詩です。

その授業のとき、子どもたちがなかなか一人一人になれず、すぐに誰かとくっついてしまって、集中するのが大変でした。カエルは、土の中に一匹ずつもぐって長い冬をすごします。親子でもくっついてもぐったりしません。「どんなに小さなカエルでも、みんな一匹ずつでいるんだよ」と、子どもたちにいっている私がいました。そこに雨が降り、雪が降り、土がどんどん重くなっても、カエルはずっと一人で土の中にいる、と……。十一月の中頃から、朝、昼、晩、一日たち二日たち、三月の七日あたりの啓蟄《けいちつ》を迎えるまでもぐりつづけた末、やっとごそごそはいだして、目をあけて、「ほっまぶしいな」となるわけです。

一人でカエルになりきるには、かなりの集中を必要とします。すぐにごそごそしたり、目をあけたり、つつきあったりしているようでは「春のうた」を全身でうたうカエルになれません。詩の授業一つとってみても、教師がどう世界に向かって生きているかが授業に表われるのです。つまり、教師の生きようそのものが、子どもへの声かけ、問いかけになるのです。一人になる、一匹になる、誰の助けも借りない、という教師のことばが力をもたなければ、たとえ子どもたちが土にもぐるかっこうはできたとしても、さらに子どもたちの想像力をかきたてるような教師のことばは生まれてきません。そうすると、すぐに子どもたちは集中できなくなり、授業がなりたたなくなってしまうのです。

教師が世界の内と外にどう向かっているかによって、その教師のことばが力を持つかどうかが決まり、それが授業の中身を左右するのです。一匹で立つ、一匹で生きることに対する教師の生きかたそのものが、その授業の瞬間、瞬間をつくり出していくのです。それができない教師が「まあ、いいか。子どもはいろいろだから」というふうに見逃すと、子どもはどんな授業のときも深まっていかなくなります。

子どもは敏感です。教師がどういうところを見ているのか、すぐに気づきます。そして、この先生は、このあたりで妥協してもいいと判断するのです。

教師は、子どもたちがさせられるからしている状況にいかにしないかが大事です。本来、学習はすべて自分でするものであり、させられてするものではありません。ところが、教師の声かけ次第で、子どもが自ら学習していることまでさせられているように感じる状況になってしまうことがあるのです。教師自身が本当に生きていれば、それぞれの子どもの中に伸びたい力があることが分かりますから、より高いレベルや、集中を要求します。そうでない人は、子どもが十分に力を発揮しない低いところで妥協してしまうため、子どもが伸びないのです。先生自身がどのくらい深く生きているかに、子どもは影響されます。どういう授業をするか、何を学ぶかについて、そこがいつも問われているのです。

◉土から離れた子どものからだ

人間関係で忙しい子どもたちを見ていると、そういう彼らがどのようにして数学、物理学、天文学、地学、生物学、経済学等々といったことに興味をもつのか、とても興味がわいてきます。

五月のある日、子どもたちと一緒に山に行きました。ヤツガシラ、里芋、ショウガを植えたのですが、子どもたちを見ていると、まずは自分の場所を確保することに夢中になりました。できるだけ自分の場所をたくさんとりたいのです。畑を三つに分けて、それぞれのイモを植えていくように指示し、さらにそれぞれの範囲を五等分して、一人が三種類のイモを一つずつ植えられるようにしたのです。

子どもたちは、自分の場所をとったら、今度は植えることに夢中になりました。土を掘るための道具は四つしかなかったため、取りあいになってしまいました。また、一人一人の空間認識が広がっていないため、まわりへの注意が足りず、道具の使い方が危なっかしいのです。担任がいくら「危ないよ」と注意しても、いっこうに聞きません。

私は見かねて、「全員、畑から出なさい」と、いったん畑の外に出しました。「今からいうルールを守らないと、人殺しにも使える道具だから、作業はさせません。話をちゃんと聞きなさい」と、その道具を使うときに気をつけることを教えました。何度も畑に来ている子どもたちなので、道具を使える状態になっていると思っていたのですが、予測違いでした。

隣の人とぶつからないためには、隣との距離をつかむことが必要です。自分の持っている道具がどれだけの空間を移動するか、まずは客観的に認識することが必要です。自分の手元だけ見ていても、隣の人との距離感はつかめません。そのため、最初はどれだけの空間を道具が動くのか、私がスローモーションでやり、よく見てもらって、確かめていきました。手に棒や道具を持つ機会が少ない最近の子どもたちにとっては、その棒をもったときの空間の広がりや、隣との距離がどのくらい必要なのかを測るのは容易なことではありません。私のやり方を確認し、もう大丈夫だと思ってから掘るよう話しました。すると子どもたちも十分納得し、いわれたとおりにできました。

最初に指導をしないまま、いきなり作業に入って、「危ない。危ない」と連発してもだめなのです。いったんやりはじめたら注意しなくていい状態に、教師が最初からもっていかなければいけないことだったのです。

掘りはじめると、子どもたちは掘ることに夢中になり、すぐそばに花が咲いていたり、草があったりすることがまったく見えなくなります。一年生も、二年生も、三年生もそうでした。「ここに花が咲いているよ。こんな草があるよ」といちいち声をかけ、しゃがんで「ちょっと見てごらん。どんな草が多いかな。他の畑はどうかな」と問わなければ気づきません。

私の場合は、小さいときからいつも草花と一緒で、草花がおもちゃがわりで、よく声をかけていましたから自然に目が行くのですが、草花が遊ぶ対象でなくなった今の子どもにとっては、関心が持てないことなのです。生まれたときから次から次へとおもちゃを与えられたりして育てられていますから、自分のほうからの気づきが弱いのかもしれません。たとえばクローバーで花冠をつくったりしても、つくること自体が目的化して、もっといろいろな方法で遊んだり、「なんてきれいなんだろう」「なんてかわいいんだろう」と、花をしみじみ味わって見たりはしないのです。それどころか、邪魔になるからとすぐにむしり取ってしまいます。

私は、「カラスノエンドウがきれいだから見てみよう」と先生にいわれたから花をよく見るようになったわけではありません。色といい、形といい、なんて美しい花だろうと、小さいときからずっと思っていたのです。だから自然にエンドウやソラマメやスイートピーを見て、豆科の花が似ていることに気づいていきました。そういうことを不思議に感じるからこそ、図鑑で調べたりもするのです。

そういうものの美しさを感じないということは、からだの中の時間の流れが、人間の世界の流れだけになっているということなのかもしれません。植物をしみじみ見ていると、植物の時間の中に自分が入ってしまいます。植物の時間の中にたっぷりひたっていると、子どもたちは時間を忘れていきます。さらに時間をかけると、いろいろなファンタジーがわいたり、草花と話しをしたり、特長に気づいていくことが起きてきます。

子どもたちにはこういった時間がどうしても必要なのですが、そういった体験が少なくなったのでしょう。雲が動いていくのを寝ころがってぼんやり見ているような時間の余裕もなく、学校や塾では知識がどんどんつめこまれ、家では「早く宿題をしなさい。何回いったらわかるの」というような言葉ばかり飛びかううちに、からだはいつも時間に追われるようになってしまうのでしょう。

こういう状態になっているのは今の子どもだけではなく、親の世代も子どものときに同じ状態だったのです。私が二〇〇一年の八月に行なった「川の授業」に参加したあるお母さんが、「先生の授業を見ていると、『早く答えをいって。早く正解をいって』と、からだの中がパニックを起こしてしまう」と話してくれました。

私が子どもたちに「雨が降っていないのに、川の水はなぜ流れているのでしょう」と問いかけ、子どもたちがいろいろな意見を次々にいいだしたとき、自分の中にそういう感情がわいたというのです。そのお母さんは、「早く正解がほしい」「考えたくない」という状態になってしまうというのです。そこで「同じような状態になる人はいますか」と他のお母さんにも聞いてみました。すると、半数近くの人がそうなっていました。

これは驚くべきことです。こういう状態では、子どものテンポで生活するのはむずかしいでしょう。子どものからだの中に流れている時間とあまりにも違う時間が流れている親たちは、これからますます子どもを心の病む子にしていくことでしょう。なぜなら、こういう親のもとでは、さまざまなことが次々に要求されるため、子どもは今を生きることができなくなっていくからです。

◉親と子の関係を見る

私は、人間はゼロから出発しないように思うのです。シュタイナーは、はっきりと「生まれ変わり」という見方を取り入れています。人が生まれ変わるということがあると認めるか、認めないかによって、子どもへの対応はまったく違ってきます。それは教育でも問題にすべきことだと思います。これまではタブーとされてきた「生まれ変わる」ということに、学校教育も踏み込まないといけない時期にきているのではないでしょうか。

「今度生まれ変わってくるときは」「死んだらあの世で会いましょう」と当たり前のように私たちは口にしますが、今、自分の目の前にいる一人の子どもを、生まれ変わってきている子どもと見るのと、そうではない子どもと見るのとはまったく違います。肉体は死んだけれども、だれかの魂がこの子どものかたちになってふたたび生まれてきたというように子どもを見るとき、この子どもはどういう目的をもって生まれてきたのかということを考えずにはいられなくなります。

これは子どもの教育を考える上で、とても重要な視点です。唯物論ではそういうことはありえないことになりますが、子どもと向きあっていると、現実に不思議なことが起きるのです。

お母さんやお父さんと子どもとの関係は不思議です。どうしてその子どもがその親の子どもとして生まれてきたのか、教師や親が考えずにいられないことがよく起こります。公立学校が大変なのは、そういうことを見ていないからでもあるでしょう。だから、子どもがいうことを聞かないと、「思いどおりにならないからけしからん」というふうになってしまうのです。

ワークが深くなってくると、前世的な部分に踏み込むことがよく起きてしまいます。賢治の学校でも、なぜこの子はこの親の子どもとして生まれてきたのかをたどっていくと、一人一人に親子として生まれてくるわけのようなものが浮かび上がってくるのです。人間として親子が成長、進化していくようにあらかじめしかけられている感じさえするのです。

その視点から子どもを見ていると、授業中に立ち歩く子どもに対しても、この子は歩き回ってしようがない、などといったレベルの話ではすまなくなります。日々起きるさまざまな現象について、「なぜこのことに関心をもつのか」「このことに極端に反応するのはどうしてだろう」「どうして何度も同じところにけがをするのか」というふうにていねいに見ていくと、想像にすぎない部分もあるかもしれませんが、その子どもが現在抱えている問題をめぐるいろいろなできごとがつなぎあわさって感じられてくるのです。

たとえば、うつ状態になっている母親のいまの状況だけを見て「子どもの面倒ひとつ満足に見られないしようがない親だ」「だらしがない」と批判するのは簡単です。しかし、彼女がそういう状態になっていること自体に深い意味があるのではないか、と担任はまず見るのです。そして落ち込んでいる彼女自身にも、そのことについてそう考えるよう勧めてみるのです。そういうことを視野に入れるか入れないかによって、授業の内容や子どもへの接し方、親と教師や親同士の関係はまったく異なってきます。

からだに何らかの障害をもった子どもが生まれることがあります。そのとき、「大変な子どもが生まれてしまった」と思うお母さんは、育てるのが大変ということだけではなく、自分が望まなかった状態で生まれたことの意味を問うところから出発する必然性があるのでしょう。そういう子どもがあえて生まれることによって、お母さん自身がこれまでの自分をこわし、自分を成長させていくきっかけをくれているのかもしれないからです。

そう考えると、今度は、子どもが目の前で転んだのは偶然なのか、それとも何かを表現したのかというふうに、実際に起こることが偶然なのか必然なのか考えることにつながっていきます。足にけがをした、風をひいたなど、どんなささいなことでもかまいません。そういうことが起きたからだの深い意味、あるいはメッセージが何かを考えることがとても大事なように思えるのです。

教師は、それぞれの子どもがこの地上で何をするために生まれてきたのか、たえず考える必要があるのではないでしょうか。そこにはたった一つの結論があるわけではありません。意味を探りつづける過程で、さまざまな想像と命のかけがえのなさ、おそろしいまでに真剣な命への畏敬の念がわいてくることが大事なのです。一人の子どもの命は、その子に限定される命ではなく、はるか昔からつながってきた命であり、未来にも繋がっていく命でもあるという命の流れの中で、命をとらえることができるようになっていくことに意味があると思うのです。そして、魂が何をしようとしているのかを見ていく必要があると思うのです。

◉子どものメッセージを読み取る

ある子どもが突然、大人に向かって「車が来たら飛び込んでみて」といった時、教師や大人はどう対応すればいいのでしょうか。たんにそのことばとしての面だけ取り上げればおそろしいことですが、子どもの中に動いている悪魔的な声に耳を傾け、なぜその子の中にそういうことばがやってくるのかを考えてみる時、「おそろしいことをいう子」という次元で聞き流したり、とらえたりするわけにはいかなくなります。母親が日常的にどのように子どもに対応しているのかも、無意識の心も含めてていねいに聞いてみる必要が出てきます。

しかし、それを聞いてもなお、それだけが原因なのか、という問いがやってきます。このことばはさらりと聞き流していいか、深く考えてみる必要があるか、ほかにもその子どもがよく口にする残酷なことばと関係があるか、その子がこの悪魔的なものとどう向き合い、のりこえていけばいいか、を教師は考える必要があります。何気ないことばや行動も、重要なサインやメッセージなのかもしれません。教師はもちろん親も、一人一人の子どもをていねいに見ることが重要です。

七月二二日、賢治の学校のミズキくんが、生まれてからいちばん長い文章を書きました。文章というより、からだの中から次々にわいてくることばを、放課後の学童保育の時間にダンボールの切れ端に書いたのですが、それを大学ノートの連絡帳に四頁にわたってびっしり書き写しました。その一部を紹介しましょう。

「ばかばか　たんたん」
たーん　たん　たたん　たんんたたん　ばか　バカ　マヌケ　たんたまたん　さっさとしんじまえーだ　ばーか　あたまくるくるぱーだ　たんたん／ぷーんぷんぷんだドージドージだ　なーんでこんなに　バーカなーんだ　はーやくおーしえろー　さっさとおーしえろー／ちんちちん　ちーん　ちんこはくさい　くさちーんこーだ／バーカ　バーカ　バカがくるってかばになる　なーんで　バーカになっちゃえんだー（中略）きんぎょがくる

って　とりになった／あたまがくるって　のうみそなくなった／ばったくるって　とべなくなった／とりがくるって　くるくるぱー　とりがとべなくなっちゃった（中略）ばくだん　ばくはつ／でんしゃが　ばくはつ／ごみが　ばくはつ／けしごむが　ばくはつ／まんもすが　ばくはつ／ろけっとが　ばくはつ／うんこが　ばくはつ／ぼーるが　ばくはつ

（後略）

全体は一四九行に及びます。そこで、私は、賢治の学校の子どもたちや、夏休み中の授業であったため他の学校から参加した子どもたちや大人たちと一緒に、ミズキくんが書いたものになってみたのです。私たちは爆発をくりかえし、汗だくになったのですが、予想していたようにミズキくんのからだの中だけでなく、他の子どもたちの中でも何かが進行していったようでした。

子どもたちがよくBB弾を鳴らし、破壊することを好む行動と心の関係を考えるとき、爆竹や破壊は子どもたちの心の叫び、怒りの表現、心の浄化作用なのかもしれません。子どもたちは、「あれをしてはだめ」「こんなことをしては迷惑でしょう」と規制されることの多い社会にあって、光だけが肯定され、闇を激しく否定されている中で失っている心のバランスを取り戻そうとしているのかもしれません。

◉なぜ生まれてきたのか

今の子どもたちのからだは、その授業の内容がつねに子どもの命の核心に照準をあわせていないと、興味をもてないようになっている気がします。生きる力が湧いてこないように見えるのです。また、今の若者が「仕事が見つからない」というとき、単純に仕事がないことをさしているのではないように思いませんか。以前は、食べていければ、お金になれば、どんな仕事でも良かったのですが、今の若者たちは、自分はなぜ生まれてきたのか、自分はこの地上で何をする人間なのかが見つからないと動けなくなってきているような気がしてならないのですが、どうでしょうか。

そういう若者に向かって「いろいろしているうちにやりたいことが見つかる」ということばは、そういうふうにして見つかった人がいうことばにすぎません。いまの若者たちのからだは、自分はなぜ生まれてきたのかという根本的なところにつながったことでないと動かないようなのです。とりあえず食べるためにバイトをすることはできても、何かもっと自分の魂とはっきりつながるものを求めているような気がします。

「居場所がない」「生きていてもつまらない」「自分らしく生きるということが分からない」といったことばは、すべて人が生きる上での核心に向かうことばです。居場所とは単なる「場所」ではなく、自分が自分としていられる場所のことをさしているのです。今は自分が自分として生きていないという感覚がはっきりしているのです。しかし、この「居場所」は決して自分からつくるのではなく、誰かがつくってくれている場所をさしているから大変なのです。からだは確かに「なぜ生まれてきたのか」「なぜ生きるのか」といった本質、核心に向かって動いています。でも多くの人はその道筋を模索中であって、見つけているわけではありません。それでも、最終的には、どの人も、人間とは何か、自分とは何かという問いをより強くいだくようになり、ことば化していくようになるのではないでしょうか。

子どもたちにその道筋を分かりにくくさせているのは、子どもの命の道からはずれた余計なことを大人たちがさせてしまっているからでしょう。たとえば、命の道からはずれた余計な勉強ばかりしていると、やたらと勘定高くなって、価値観が狭くなり、損か得か、金になるかならないか、ということばかりに気をとられるようになっていくのです。そういう勉強をすればするほど、客観的な法則に沿った事実をよく見ることや聞くことができなくなっていってしまうのです。

そういった余計なことを子どものからだにしなければ、子どもたちは本当に自分のしたいことを見つけるでしょう。どんな人のなかにも、人が喜んでくれることを自分もうれしいと思う気持ちがあるということ自体が、人間の希望だと思います。何かの役に立つことがうれしいという思いが、人とつながることの根底にあるのです。

しかし、何が子どもの命にそったことなのかを見つけることは簡単ではありません。それが見つかればカリキュラムづくりは容易なのですが、これは人はどのようなプロセスを通って成長していくのかが分からなければできないのです。

◉生きる道をからだで示す

自分がどのような生きかたをしているかを、教師はいつも問われます。私は大学を卒業する必要があったからではなく、学ぶ必要があったから大学に行きましたが、大学でなくてもいいのです。現に、私の二人の子どもは、大学には行きませんでした。彼らは大学に行く時間がもったいないようでした。

大学に行きたかったのに、自分は行けなかったから、せめて子どもだけは大学に行かせたくて「大学に行け」という親もいるでしょう。また、人間の価値は大学で決まるわけではない、本当の学びをしなければいけない、一八歳からの重要な時期に、単位を取るために学ぶようなことに人生を、命を使うのはもったいない、と思う親もいるでしょう。

私は、大学に行くという息子に、「よく考えたほうがいい」といいました。当時、予備校に通いはじめていた息子は、自分が納得した道を行こう、とドイツのシュタイナー学校であるユーゲント・ゼミナールに入り、結局、日本の大学には行きませんでした。娘は、最初から大学に行く気はありませんでした。高校の卒業式を待たずにドイツに渡り、兄の入っていたシュタイナー学校に入学しましたが、そのとき、彼女は「はじめて勉強らしい勉強をした」といいました。ドイツに行ってはじめて本当に大人として権威のある先生たちに会った彼女は、ものすごい勢いで学び直しをしたのです。

私は小さいときから自分で学ぶということが非常にはっきりしていました。先生が勉強させてくれたというふうに考えたことはありません。そういう私が教師になっていますから、子どもに対しても同じです。反対に大学くらい出ておかないと将来大変だと思い、そういう生きかたをしている教師は、そういうもののいい方を子どもに対してもするでしょう。資格をとることが人生にとってとても大きな意味があると思う教師は、そのことにこだわるでしょう。

また、そういう親は子どもにそれを強く要求するでしょうし、それができなければ人間ではない、生きられないとさえいいかねない親さえいるようです。だから、どんどん、受験戦争が過熱化し、学歴を重視する世のなかになっていったのです。

親も教師も、本当のところを見ていません。もしも学歴や資格を私が重視していれば、賢治の学校はつくらないで、どこかの大学の教授になろうとするでしょう。でも、人間とはそういうものではありません。私は大学在学中、学生運動をずっとつづけていたのですが、学生運動をしていたら就職できなくなるという心配は一度もしませんでした。そういうところには就職しなければいいのです。あるいは、自分で自分をやとう仕事をはじめればいいのです。

学歴を気にして生きてきた人は、そのあたりの考え方がとても窮屈で、学歴を子どもにも要求するようになってしまいます。学歴とは関係なく大学に行った人や、最初は学歴を気にして大学に行ったけれども実際に自分が学んでみたら考えが変わった、就職して実際に仕事をしてみたら学歴にこだわる必要はなかったと気づく人もいるでしょう。

人はさまざまですが、私は最初からずっと同じことをやりつづけているのです。それは、きっと人間とは何だろう、人の生きる道とは何だろうといったいちばん根本的な部分を、小さいときから考えつづけてきているからなのでしょう。

7　子どもにとってのリアル

用水路にいたザリガニに夢中になる

◉池田小学校で起きたこと

二〇〇一年の六月八日、大阪の池田小学校に三七歳の男性（宅間守容疑者）が侵入し、子どもたちを殺傷するという事件が起きました。事件は金曜日に起きたのですが、次の月曜日の朝、私は子どもたちに、事件について次のような話をしました。

「人間は、どの人の心の中にも突然人を殺すような悪魔が住んでいるのです。平和な時代であれば、その悪魔のほとんどは人の心から出てきませんが、いったん戦争になればすぐに出てきます。まず、『戦争をすることは国を守ることであり、正しいことである』と国家がいい、国家の考えを広める人たちが『この戦争は正しくて、敵が間違っている』と声を大きくしてくりかえしいい始めます。すると、人々の心は、戦争をする人が正しくて、反対する人が正しくないと考えるようになっていきます。そして、戦争でたくさん人を殺した人ほど、ほめられて英雄になるのです。反対した人は、殺されたり、牢屋に入れられました。

チャップリンは『一人殺せば殺人犯になるけれど、百万人殺せば英雄になる』といいましたが、戦争でたくさんの人を殺せば殺すほど、『手柄を立てた』『よくやった』とほめられ、勲章まで出ることになっていくのですから、人の心はとても変わりやすいものです。しっかりしていないと、すぐ誰かのいう通りに思い込まされていきます。人を殺すなんてとんでもない、と思っている人も、あっという間に平気で人を殺す人間に変えられてしまうのです。

一九四五年、世界中の国が戦争していたと思えるような第二次世界大戦が終わりました。私は四歳でした。すると、どういうことが起きたでしょうか。戦争中は英雄だった指導者が、戦争犯罪人として絞首刑の罪に問われたのです。あれだけ『敵を殺せ』『敵をたくさん殺す人間は英雄だ』といわれていたのに、一転して『殺人者』としてとらえられ、犯罪として非難されるようになったのです。恐ろしいことに、人間はどの人の心にも、人を殺すようなことをしかねない悪魔が住んでいるのです。

それまでにも、人類の歴史は戦争の歴史であるといえるほど、人が人を大量に殺すようなことは何度もくりかえされました。長い間、学校も、国を守るためには人を殺さなければならない、人が人を殺すということは正しいことである、と子どもたちに教えてきたのです。

事件を起こした宅間守容疑者が特別な人間なのではなく、彼の中の悪魔のほうが強かったために人を殺してしまったのです。本人にはどうして自分がそんなことをしてしまったのか分からないほど、悪魔の力が強かったのでしょう。人間は、人を殺すことを心から嫌う心も持っています。そういう光の方に向かっていきたい心と、一方ですべてを殺しつくし、焼きつくし、破滅へと追い込もうとする闇の方に向かっていきたい心もあるのです。どの人間も心の中でその二つが戦っているのです。

そして、闇に負けない力をつけるために、私たちはこうして勉強しているのです。勉強は、これから食べていくことができる人間になっていけるようになるためだけでなく、闇の力に打ち勝つ力をつけるため、また闇の力を光の力に変えていく知恵と力をつけるためにしているのです。

闇に負けそうになる人はどういう人でしょうか。たとえば、宅間容疑者の場合はどうだったのでしょう。親となかなかうまくいかず、小さいときから親の暴力を受け、押さえつけられて、親にしっかりいやだということ、本当にいいたいことをいえないできた人なのかもしれません。彼は本当の心を表わせず、だんだん自分のなかにいらいらしたもの、不安、悲しみ、怒り、絶望、嫉妬の心がたまってきていたのでしょう。

小さいとき、親から守られなければ生きていけない子どもは、いちばん肝心なときに親から守ってもらえないと、『ああ、自分には誰も守ってくれる人がいない』と絶望してしまい、生きていることもおもしろくなくなり、だんだん心もいじけてしまうことだって起きてくるのです。愉快に楽しく生きている人をねたみ、うらんでみたり、『生きていてもしようがない』『生きているだけむだ』というふうに、生きることに投げやりになってしまうのです。宅間容疑者にもそういう歴史があったのかもしれません。

親や教師、大人たちにきちんと自分が納得するまで本気で話をしないと、自分のなかにもやもやがたくさんたまって、何をするか分からなくなるのです。宅間容疑者だけが特別なのではなく、誰の心にもこういう怖いものがあるのです」。

子どもたちは、私の話を静かに聞いていました。「親に自分がいいたいことをいえているかどうか考えたとき、子どもたちのなかにはいえない部分もたくさんあるのです。また、いうことが思いつかないのが子どもでもあるのです。たくさんたまりすぎると、たまっていることも分からなくなります。そして、突然キレてパニックになってしまうのです。だから、しっかり自分が思っていることをいおうね」とさらに念を押して子どもたちに話しました。小さな子どもでも、こういう言い方で十分理解できました。

その日のテレビや新聞で紹介されたほかの学校でのこの事件の取り上げ方は、「知らないおじさんに声をかけられたら、気を付けなさい」といったものだったと、二年生の担任をしている藤村久美子さんが教えてくれました。どうやって身を守るかということについてばかりが取り上げられていたというのですが、これでは残念なことに「人を見たらドロボウと思え」と同じレベルのことになり、ますます人への不信感が強くなるだけです。不信感というより、つねに自分で自分の身を守るための警戒心をもつことは必要です。

確かにとてもいらいらしている人がふえ、電車に乗っても何人分もの席を一人でとったり、自分が気に入らないと暴力をふるったりする人をよく目にするようになりました。が、それは大人たちへの警告と受け取るべきでしょう。

決して忘れてはならないことは、私たちそれぞれのなかにも、こういった要素があるということです。「人のふり見て、わがふり直せ」というように、自分だけは絶対に大丈夫、ということはありません。一人一人が自分の心のなかの闇と戦うしかないのです。その闇と戦う大人を見て、子どもはそこから生きる姿勢を学ぶのです。

自分のなかの感情を表現するとき、自分はこう思うとはっきりいえず、いじけたりふくれたりする子どももいます。親は子どもがそんなふうにいじけずにすむように取り組まないと、子どもが自分の思っていることをいえるようになるのはむずかしいだろうと思います。すぐにいじけたり、ふくれたりする子どもは、親も同じようにするのです。ある意味では心を病んでいるといってもいいかもしれません。人が自分に対して何かいうことは、すべて自分を否定するように聞こえてくる、というのですから、心の中はいつも大変で、エネルギーの大量消費が進行して、疲れていくにちがいありません。

宅間容疑者は、精神的に親に捨てられた子どもだったように思えてなりません。彼が自分の親を精神的に殺して、のりこえていれば、子どもを殺す必要はなかったのです。彼が親のほうに向かわなかったのは、親が怖いからです。彼にとって親は巨大な存在で、恐怖の対象なのでしょう。親の前に出ると、ヘビににらまれたカエルのようになってしまうのかもしれません。等身大に見ることができれば、精神を病む必要などないからです。

彼の父親がテレビの取材に応えて、「あいつは自分の思うとおりにならなければ、かっとなって暴れる。世の中、自分の思い通りになると思ったらおおまちがいだといってやったんですよ」というようなことをいっていましたが、あの父親は息子が自分の思うとおりにならないからと勘当し、排除しています。どちらも自分のほうが正しいと思い、親子で同じことをしているのです。父親の態度が息子の心をつくったといえるでしょう。

息子は精神病といい放ったあの父親は、はたして精神病ではないのでしょうか。何をするかわからないと感じていた息子を放り出して、自分には関係ない、と思える感覚が父親の中にあるのです。わが子のことであっても、自分の都合が悪いことになると、自分は関係ないという親は多いのです。それがあの父親の態度によくでています。自分にとって都合の悪いところは自分の責任ではなく、学校の影響、社会の影響、本人が悪いという言い方になってしまいます。もちろん私の心の中にも、こういうものが巣くっているのです。

◉まっすぐな心で子どもを見る

あるお母さんが、一年生になった息子の担任から、わが子が友だちのえんぴつを捨ててしまったことを説明され、かっとなって、息子に「そんなことをして、人に迷惑をかけたらいけません」とどなったといってきました。そのとき、夫は、お母さんのいうとおりだ、という態度はとったものの、お母さんが怒っているから子どもを怒れなかったそうです。次にその子どもは、学校のトイレのスリッパを全部便器のなかに落としてしまいました。それで、また先生が訪ねてきて、その話を聞かされるわけです。

「子どもをきちんとしつけていない夫が悪い」という彼女に、私は「あなたにまずいところはないの」と聞きました。彼女は、「私は正しい」といいます。そして「夫の何がまずいの」とたずねると、「夫は一人っ子で、世間知らずで、過保護で、いちいち私が指示しないと何もできない」というのです。

そんな彼女に、「どうして子どもを産んだのですか」と聞いてみました。すると「夫は一人っ子で甘やかされたから、一人っ子では社会性が育たないと思って三人産んだ」というのです。社会性を育てるために三人の子どもを産んだという彼女に、「あなたは社会性がありますか。社会性とはどういうことですか」と聞いてみました。「人のことも考えられることです」と答えた彼女に「あなたは夫のこと、子どものことを考えられますか」と聞きましたが、そこまで問い詰めていくと、彼女は分からなくなっていきました。

親たちの多くは、考えを深めていく習慣をもっていないようです。ですから、子どもが「疲れた」というと、すぐに学校や教師が悪いと思う親がたくさんでてきます。自分の家にいるだけでも、子どもは親の気分に振り回され、親にあわせさせられ、兄弟姉妹と比較され、夫婦げんかに巻き込まれたりして、どれほど子どもが疲れているかについてはまったく問題にしないのです。

なぜわが子が危険な行動に走りそうなのに、親は止められないのでしょう。それは、おそらく子どもよりも自分の命のほうが大事だからでしょう。子どもに殺されることが怖いのです。そういう親の姿勢がどうして社会的に問題にされないか、本当に不思議です。きっと多くの親が同じ傾向にあるからなのでしょう。未成年はともかく、成人した子どもの犯罪は親の責任ではない、と思っている親がたくさんいるのです。もちろん本人が引き受けなければいけないことなのですが、引き受けられるだけの力を親が育てていないのです。もっとも引き受けられる力を育てていれば、事件など起こさないかもしれません。

こうして振り返ってみると、総じて親が自分のしたことを見ないということが、子どもを大変な状態に追いやっているようなのです。そして大人になれない子どもは、いつまでも親のせいにして、いくつになっても自立できなくなってしまうのです。

こういう状態の子どもの親は、本当にわが子とかかわりたいと思っているのでしょうか。かかわりとは子どもがいうことを聞くか聞かないかといったことではありません。しかし、その親も、さらにその親から子どもを受け止める力をもらっていないともいえます。子どもを自分の思いどおりに動かすことによって支配欲を満足させているような人は、同じことを親からされたのかもしれないのです。だから、自分の親がそうであったように、自分も親になると子どもが自分の言うことを聞くかどうかにこだわってしまうのでしょう。本当に子どもとかかわることがおもしろいというのではなく、自分が思いどおりに子どもを動かせるかどうかが気になる、という感情も一世代分のものではないのでしょう。そういう親に、子どもをまっすぐな心で見ることを望んでも、それ自体がどういうことか分かりにくいのです。

たいへんな勢いでいろいろなものを吸収し、成長していく子どもをまっすぐに見られず、自分の都合だけで子どもを振り回してしまうことも当然起きてきます。私は、ある母親に、「あなたのように子どもを虐待する親のもとだったら、子どもは生きていきたくないでしょうね」といったことがあります。すると、その親は、あっさりそのことを認めて、幼稚園の子どもがお風呂から上がって着替えているときに、怒って、「自殺してやる」といった、というのです。そういうふうに、子どもが思わず本音をもらしてしまうほど切羽詰まっている状態なのに、親はそれをことばでは分かっても、どうしたらいいのか分からないのです。

親は、まず、都合の悪いことは聞かないふりをするものが自分の中にある、と立ち止まって自分の心の中をのぞいてみる必要があるのです。そして、大変なことほど、できるだけ何でもないこととして操作してしまう心があるのだと思ってみるといいかもしれません。この親も、子どものそういったことばを聞き流したのは、そのことばが重要な意味をもっていると思いたくないからなのでしょう。

でも、ぎりぎりに追い詰められた心をやっとことばにし、思わずいい放ったのに、そのことばさえ聞き流された子どもは、それ以上いったい親にどういったらいいのでしょうか。

◉親を殺したい

池田小学校で起きた事件について、親たちと話し合ってみた時のことです。ある母親が、「なんてひどい事件だと思う自分と、あれだけやれたらサッパリするだろうと思う自分がいる」といったので驚きました。彼女は、「刺された子どもは、その瞬間、『お母さん』と呼んだのかしら。自分だったら絶対に呼ばない」ともいったのです。別の場で、ある母親が、「小学生のとき、目の前に座っている母親を見て、つるはしで切りつけたら、死ぬだろうと思った」と、正直に自分の心の中にあったことを語ったのが思い出されました。

親を殺すということは、ある意味ではイニシエーションでもあります。親をのりこえていくことをシンボリックに行なえばイニシエーションですが、実際にやってしまうと殺人になります。そういう感情が湧いたことがない私であっても、たくさんの人の心に立ち会い、親への憎悪を抱いている苦しみに耳を傾けてきましたから、自分を大切に育ててくれなかったと思える親を殺してやりたいという気持ちが多少は想像できるようになりました。しかし、それは一方で親を愛したい心の裏返しでもあるのではないでしょうか。

現代は、多くの人が自分の心の闇を語り始めた時代であるともいえます。この事件のあと、何人もの若者たちが「自分の親を殺してやりたいと思った。だから宅間容疑者のことを責められない。彼がここまで追い詰められていった心の軌跡が分かるのです」と泣きながら語りました。このように、この地上のあちこちで自分の心の闇をことばにして語りはじめた人がたくさんいます。そういう人たちが、自分の心がどうしてそうなっているのか、ごまかさずに探り、しっかりととりくんでいくことによって、世界の意識の流れはますます変わっていくのでしょう。一人一人が自分の内なる闇に正面からとりくみ、これまで目に見えず、ことばにならなかった水面下の意識をことば化していった時、このことばは一瞬のうちに世界に伝播し、無意識の部分でのつながりを深め、世界の意識を変えていくエネルギーになっていくように思えるのは私だけではないでしょう。

今の子どもたちの心は、命令されることにとても敏感です。押しつけられたことがトラウマになっているとさえいえます。たとえば、こんなことがありました。賢治の学校の二、三年生の担任をしている藤村久美子さんと鴻巣理香さんの話です。子どもたちが、算数の時間にもらったプリントの「次の計算をしなさい」という文を見て、文の最後に「いやだよ」と吹き出しをつけ、「しなさい」を二本線で消して「しましょう」に変えたというのです。

そこで最初の文の通りに声に出して読んでもらったら、「しなさい」のところの口調が、お母さんが命令するときの口調にそっくりだったというのです。そういう命令のすべてが、親の声に聞こえてしまうのは、赤ちゃんの頃から二、三年生になるまでの間に命令されることで心に深い傷をたくさん負ってしまっているともいえるでしょう。

命令をする親の心の中には、きっと子どもの存在を否定するものが隠されていて、子どもにとっては納得できないものだったのでしょう。しかし、そういうトラウマは実はその親ももっているもので、もしかしたら何世代にもわたって蓄積されてきたものかもしれないのです。しかし、だからといって、小さい子どもにいちいち理屈で話す必要などないことはたくさんあります。また、子どもに判断させてはいけない時期、大人が「〜しなさい」ということが重要な時期もあります。しかし、それは大人のがわにいい意味での権威がある場合にかぎってはじめて効力を発揮することなのです。

親を殺してしまいたい、という子どもたちは、私の想像以上に多いかもしれません。神戸のA少年の事件を見ても、「ああいうふうにやればいいのか」「自分もやってみたい」と思った子どもたちがたくさんいたのです。もしも意味があってそういう事件が起きているとしたら、私たちは何を考えなければならないのでしょうか。私は、親と子をめぐるさまざまな問題は、人類の課題としてくっきり出てきているように思います。それまでずっと親を支える子ども、協力する子ども、励ます子ども、力になる子どもがよしとされ、親孝行ということばが生まれました。

ところが、子ども孝行ということばはありません。それは親として私たちが未熟だったという証拠ではないでしょうか。親は、ずっと子どもに助けられ、子どもが支えになってくれ、生活が成り立っていたのです。したがって私たちは自分が親になっていく、大人になっていくことの中身を真剣に考え、取り組んでいかなければならない時代が来たように思うのです。

それは、親や大人が、子どものいうことに耳をかたむける、子どもが何をいおうとしているのかを深いところで聞き取ることができる人間になることで、自分を成長させる時代と言い換えることもできます。いままでは親のいうことをどれだけ読み取るかが子どもの仕事でしたが、子どもがどのように生きようとしているかを読み取り、本当に必要なかかわりは何か、力になることは何かをそれぞれの子どもに則して見つけ出していかなければ、親も大人も人間として行きづまってしまうという、そんな時代を迎えているのではないでしょうか。

◉問題のありか

わが子が不登校になったときに私と出会った山形の高橋和子さんは、最初、不登校の原因を自分の外に外に探していました。ところが、私の話を聞いているうちに、「不登校のメッセージは自分や家族が変われ、ということである」と気づいたのです。何でもそうですが、気づきはスタートの一歩です。

しかし、そこからが大変です。彼女自身がこれまで心に封印してきた自分の子どものころの傷にもふれていかなければならなくなったからです。それまで仕事も子育ても元気にやってきたつもりだったけれども、どうやらそれはいい子を演じていただけだった、嘘をやってきただけだったのではないかと疑いを抱くようになりました。そして、外に向かって動いていく力を失い、ついに二年間、娘といっしょに引きこもることになったのです。

その間、和子さんは外から何らかの働きかけをされるのがいやで、買い物に行くのでさえやっとの状態でした。人と道で会って話をすることなどとても考えられず、買い物に行って帰ってくるだけでへとへと。そういう状態でいるうちに、だんだん夫が彼女に歩みよってくるようになりました。これまで交わしたことのない会話が夫婦の間に流れはじめました。夫も妻と同じようなものが自分にもあることが少しずつ分かってきました。夫は妻を理解するようになり、動けなくなっている妻の心の中で起きていることに真剣に耳を傾けるようになったのです。それは夫にとっても大きな変化をもたらしました。今までないがしろにしてきた自分自身を見つめるという作業をすることになっていったからです。

こうして和子さんにはますます安心してたっぷり引きこもっていられる時間が保証されることになりました。彼女は、自分のからだにすべてをまかせていきました。これをしっかりやりきってのりこえれば、人はすごいことに気づくのです。このからだの声に耳をすまし、従えば、本当に自分にとって必要なことは、からだがきちんとやってくれるというからだへの絶対的な信頼が生まれるのです。

とはいっても、和子さんは自分が何をしたいのか最初は真っ暗闇の状態でした。しかし、不思議なことに、心臓の下あたりが何となくあたたかくて、ほのかに明るいものがあるように感じていました。そしてそれを希望のように感じながら、引きこもりを続けていきました。あたたかくほの明るい感覚を支えに、いまのこの動けなくなっている自分を引き受けていくしかないところまで、自分のからだに正直になっていたわけです。その間、和子さんは、自分はこれまでずっとひとりぼっちで本当にさみしかったということに気づきました。でも完全にひとりぼっちというわけではありません。明るさの部分だけはさみしくないというからだの感覚があったのですが、これをうまく表現するのは大変なようでした。彼女はどういったら自分の感じていることにぴったりな表現になるのか探っているうちに、これまで使っていたことばまで失ってしまったといいます。今まで安易に使っていたことばが、正確に話そうとすると使えなくなり、話ができなくなってしまったのです。

和子さんは、引きこもっている間に、それまで常識のなかでこうあるべきだと着こんできた着物を一枚一枚脱いでいきました。そうするうちに、しだいに小さい子どもの状態になっていきました。そうして、小さい子どもの自分は、親に対して自分を大切にしてほしいと思っていたということに気づいたのです。彼女は子どもの自分に関心を持ち、「私自身が小さいときに何を表現したのかを知りたくなった」のです。そうして、どうして小さな自分が本当の自分の気持ちを表に出せなくなっていったのか、その理由は何だったのかを探っていきました。

こういう状態になったとき、頼りになるのは自分のからだ一つだけです。和子さんはまず、自分がいかに子どもに対して支配的で、他人に対しても支配してしまうかに気づきました。彼女は一時期健康食品に夢中になり、子どもにも無理やり食べさせたりしていたことがありました。彼女が賢治の学校に来るようになり、自分自身のことを見つめはじめると、子どもたちはほっとしたようで、その頃のことを思い出して、こう語ったのです。「あれは本当にまずくて、食べられたものじゃなかった。でも、お母さんは最近、自由になったね」と。彼女は、「少し前の私だと、子どもからそういうことをいわれた瞬間、かちんときてかみなりを落とすような感じだったけれども、キレないで子どもの話を聞けるようになりました」とうれしそうに話してくれました。

さらに和子さんは、彼女から見て強いと思える人が「それはこうだ」と意見をいったとしても、それは単にその人がその人の思うことをいっているだけであって、それをしなさいといっているわけではないというごく当たり前のことに気づいていきました。こうして人との距離が取りやすくなり、人と話すことが自由になり、楽しくなってきた、と、楽しそうに語ります。

でも、こういうことも一人で気づくのは大変です。「助言してくれる第三者がいたからこそ、自分の中でいろいろな気づきがもらえるようになった」と付け加えられたのが印象に残りました。自分と反対のことをいう人がいても、そういう人によって自分が鍛えられるし、気づきをもらえ、そういう人のほうが思いやりがある人だとさえ思えるようになったといったときは、本当によかったと心から私も喜びました。

わが子の不登校をきっかけにして、和子さんは自分というものをもう一度再生させたのです。こういう体験をした人は、人生は死ぬまで自分をつくってはこわし、こわしてはつくる連続であることを知るのです。

◉「なんで私だけが」

「なんで私だけが」ということばが、ずっと自分の中に渦巻いている理由をたどったスズエさんという女性がいます。彼女のお母さんのキサさんには三人の兄がいたそうなのですが、そのうちの二人は戦争でなくなり、満州鉄道で働いていた三人目の兄も敗戦後に引き上げたあと、病気をわずらって亡くなってしまったそうです。

三人の息子を失ったキサさんの母親は、四番目の子どもであり長女でもあるキサさんに家をつがせることにしました。たてつづけに息子を失ったキサさんの母親の心境は、「神も仏もない」「人を信じるな」というようなものだったのでしょう。

キサさんはやがて養子縁組をして夫を迎え、スズエさんと弟の健一さんを産みました。ところがキサさんは、姉のスズエさんではなく家のあとつぎになる健一さんばかりかわいがり、一生懸命育てるのです。ところがその弟が、小学校の一年生のとき、交通事故にあいます。オートバイにはねられ、頭と足を打撲した弟が、頭に白い包帯を巻いて家に帰ってきたときの光景を、彼女は一枚の絵に描いてもってきてくれました。絵のなかの彼女は、電球のついた部屋のなかでたった一人で窓に向かい、暗い戸外を見ています。

そんなスズエさんがやがて大人になり、結婚して、息子の太《ふとし》さんを産んだとき、「この子を死なせたらどうしよう」とただならない不安が押し寄せてきた、というのです。いま思えばこの不安は自分だけの不安ではなく、自分の親であるキサの不安、あとつぎを死なせたら大変だというキサやその母親の不安がベースにあるのではないかと考えるようになりました。

太さんは、一歳になったとき、内向性の無熱肺炎と医師から診断されます。彼女は、医師に「よく見落とさなかったね」とほめられるほど分かりにくい病気の兆候を読み取り、息子の命を救ったのです。その上、彼女は、小さな変化も見落とすまいと、とてもこまかい育児日記をつけていたのでした。男の子を死なせてはならないというこのただならない強迫観念は、どうも親から受け継いだようだ、と彼女は私のワークを受けているうちに思うようになった、といいます。

スズエさんが「息子を死なせてはいけない」と思っていたのは、彼女の祖母の、「なんで私だけが」「なんでうちだけが、神も仏もない」と強く思う心が、キサさんに伝わり、さらにその娘である自分に伝わったからではないかと思うに至ったとき、彼女は自分の行動に納得したのです。当時は育児日記と思っていたそうですが、スズエさんがつけていたミルクの量から排泄物の様子までの毎日のことこまかな記録は、今になってみると完璧な観察日記だったと思えてきたというのです。だから息子が「ちゃんとおれを愛してくれているわけではなかった」と反乱を起こしたのも今になってみればよく分かると、彼女はいいます。

「私は本当にていねいに子どもを育てたと思っていましたが、子どもにとっては、それは本当に自分を見てくれているものではなかったのです。私が、自分は子どもをよく見ている母親である、と思い込むための自己満足の域を出ていない行為にすぎなかったことがやっと分かるようになりました。代々の母親が抱きつづけた悲しみのようなものが私の中にもあって、それが息子にも伝わっていたのでしょう。わが子をよく見て育てていたつもりでいたけれど、自分自身で見ていたわけではなかったから、わが子が思春期を迎えたとき、すっかり行きづまって、大変な状態になったのではないかと思うのです」と。

スズエさんは、息子から問題を突きつけられ、母親として行きづまり、それをきっかけにして自分自身も深く考えたいという理由から、三年くらい私のワークを受けていますが、あるときのワークでこんなことがありました。自分が妊娠したことを母親のキサさんに告げると、キサさんは「想像妊娠もある」というだけで、少しも喜ばないのです。

また、スズエさんは子どものときから水戸黄門が好きだったそうです。それはいつかきっと正義の味方が自分を助けにきてくれると思うことで自分を支えて生きてきたのではないか、というのです。それを支えに生きてきた自分のけなげさが、今ほんの少しだけ見えてきたといいます。

自分の中にある「神も仏もない」「息子を死なせてはいけない」といった感情が、自分一代のものでなく、祖母の代から続いてきたことがよく分かってきたというのです。彼女は息子に申し訳ないことをしたと同時に、いつも息子を優先することで、下の娘がずっと傷ついていたことにも最近ようやく気づけるようになった、と話してくれました。

婿養子であるスズエさんのお父さんは、彼女に「人のいやがることをしてはいけないよ」とよくいっていたそうですが、当時の彼女は、そんなことばよりも、いつもお母さんに仕切られている父親を見て、「もっとしっかりして」「元気を出して」と小さいときからずっと心の中で叫んでいました。「淡々と生きていた父の生きかたに、母は不満でした。もっとしっかりしてほしいと強く思っていたのです。自分もそんな母親に同化してこれまで生きてきました。けれども、いま私の中には父を尊敬している自分も生まれています。小さいころは母の目で父を見てしまっていたけれども、父は父なりの生き方をしていたんですね。父の命によりそって父を見ることができる自分になりつつあるのがうれしい」と彼女は話してくれました。

振り返ってみれば、自分は息子に対しても「しっかりして」と、自分の父親に対するときと同じような気持ちを抱き、そのため変に息子に厳しくしてしまっていたといいます。息子は息子というふうに見ることができない部分があったというのです。こうしてだんだん自分の内側で動いていた心とその動きのわけについての気づきが増すにつれ、起きていることへの見方が深まっていきます。

こうして多くの母親たちが、彼女のように、いま長い時間をかけて、ゆっくりと自分自身を取り戻し、自分に気づき、親子、夫婦の関係を変えていっています。こういう人たちを毎日のように見ていると、私も自分の中にある同じ面に気づかされ、人間というものに希望がもててくるのです。こうして私自身もたくさんの人にワークされていっているのです。

◉子どもが大人になるとき

私は子どものころ池や川で蛇や魚と一緒に泳いでいました。ですから、このからだの中に自然とかかわる感覚がごくふつうに入っています。そしてからだも自然の一部であることを、このからだが知っています。大人によってつくられた空間、大人に用意された空間ばかりにいては、そういう感覚は身につきません。それは、一つ油断すれば、この命を落とすかもしれないという世界なのです。自然のもっている力をこの命との関係の中で実感してみるのもとても大事なことだと思います。

私は、六、七歳のころ、川で流されたことがあります。その日、私はたった一人でいつもの川、綾川で泳いでいました。ふと対岸の崖を見ると、その崖の高さのまんなかあたりにカヤの一群れがあり、そこにピンクのカワラナデシコの花が咲いているのが目にとまりました。その花の美しいこと。弧を描くカヤの緑の下の二輪のカワラナデシコ。今もその花の美しさは、はっきりと網膜に焼きついています。川とのつきあい方の授業をするとき、私はこの日のことを子どもたちに聞かせました。

その場所は、川の水の流れが崖に直角にあたっているため、川底が急に深くなっているのです。「あれを取りたい」という思いはその深さをただ恐怖のところで立ち止まるということをさせませんでした。この日は一人で川にいたのですが、私は泳いで取りにいこうと決めたのです。しかし、川幅は広いのです。私がぎりぎり背の届くところまで歩いていっても、川幅のまんなかを少しこえるだけです。そこから先は、若い男の人たちが大きな石を頭上に両手でさしあげてどんどん歩いて入っていく遊びをする深い淵になっていました。彼らは石をさしあげたまま水中に入っていき、その姿が水中に消えてもどんどん歩いていく肝試しをするような川でした。おそらくこの川の深さは、当時の私の身長の何倍かあったでしょう。

それでも私は、一人で川を泳いで渡ろうと決めました。向こう岸の飛び出た岩をにらみ、目を閉じて、川底をけり、はずみをつけてからだを前へ押し出しました。息継ぎのできなかった私は、息を止めて両手両足を一生懸命ばしゃばしゃと動かしました。もうこれ以上息を止めていられないというころ、指が対岸の岩に触れました。流されないようにしっかり岩につかまり、上にあがりました。

本当にきれいなナデシコです。カヤをかきわけて崖を登りました。あんまりきれいなので、しばらくじっと眺めていましたが、「仏さまにもらっていきます」とことわって花を手折ると、カヤで手足を少し切りながら崖を下りていきました。下りきったとき、私は肝心のことに気づきました。

「どうして困ったと思う」

子どもたちにたずねました。

「花を持っていたら泳げない」

すぐに答えが返ってきました。

その通り。花を手に持ったままでは泳げないのです。どうしたらいいか本当に困ったのですが、私一人です。上流に向かって思いきり花を投げ、岩をけって勢いをつけて泳ぎだしました。花が流されてしまわないよう、急がなければなりません。しかし流れは急です。私はもう足が川底につくだろうと立ってみましたが、つきません。急な流れには勝てず、結果的にはずいぶん流されたため、対岸までの距離は長くなる一方で、川底に足がつかず、そのたびに何度も水を飲むはめになりました。カワラナデシコを見ると、おぼれたその時のことが鮮明に思い出されてくるのです。

命からがら岸にたどり着き、石の上にばたんと倒れ、飲んだ水を吐いたこと、全力で泳いだあとの脱力感、うつぶせになったときの石のにおいとぬくもり、背中から浴びた太陽の暖かさ。その日の感覚は、今もリアルにこのからだに残っているのです。あの花はいったいどこにいったのかなと、今でもふと思い出すことがある、とざっとこんな話をしたのです。

映画の「スタンド・バイ・ミー」を見たとき、子どもはこういうふうに親の知らないところで命がけの体験をしながら大人になっていくのだと共感したものです。きっとこういう体験のつみ重ねが親から自立していく上でのイニシエーションにもなっていくのでしょう。親が見ていたら絶対に止めるようなことをくぐり抜けながら、子どもは大人になっていくのでしょう。「みんなにもこれから先にこういうことがあるかもしれないね。でも本当に気をつけて。自分の命を守るのは、この自分なんだよ。川がその時の自分の全力を出しても絶対に渡れない川だったら、私は挑戦することを先に延ばしたと思うよ。小さな子どもだったけど、それまでの自分の体験の中で可能だと判断できる何かが私の中にあったから、挑戦したことなんだよ」。

子どもたちは、真剣に私の話を聞いていました。

私は幼稚園には行っていなかったので、小さいときは、毎日、近所の十五、六人くらいの子どもたちと群れになったり、一人になったり、妹や弟たちと一緒に遊びに遊んでいました。池や川、用水路での魚とり、空き地を耕して花を育てたり、石集め、お手玉、まりつき、メンコ、ビー玉、Sけん、将棋に碁、野球やドッチボール等々、毎日たくさんすることがあり、朝から晩まで忙しかったのです。もちろん池を何度も往復して水を風呂場までバケツで運んだり、落ち葉かきや、枯れ枝取りの仕事もたくさんしました。

そういう体験をたっぷりからだでしていますから、危険を察知する力もそなわっています。川には急に淵になっていて深くなっているところと浅瀬があること、水に流されない歩き方、川の変化を読み取ることをからだが知っています。よくニュースで川が氾濫して人が流されるようなことがありますが、きっと川で遊んだ体験のない人なのかもしれません。

川で遊んでいれば、山のほうが曇ってくると水位が上がってくることが予想できます。泳ぎに夢中になっているときも、空模様の変化を見ていなければなりません。（山が曇ってきた。もうすぐ来るで）と心のなかで予測をたてます。すると案の定、水位は次第に上がってくるのですが、それでもしばらくは遊ぶのをやめません。このドキドキするところが楽しいからです。

大人たちはやがて川にかけている橋をはずしはじめます。「危ないから上がれ」と大人にいわれても、ぎりぎりまで遊んでいるのです。もうだめだ、となってはじめて上がります。

こんなことがありました。賢治の学校で岩手ツアーを企画しました。八〇人くらいの親子と一緒に、玄武洞と呼ばれているところの川で遊びました。対岸は屏風のような崖になっていて、川には深いところと浅いところがありました。子どもたちは川に入り、夢中になって遊びはじめました。驚いたことに、親たちはおしゃべりに没頭しているではありませんか。私はまず全体が見渡せ、子どもが流されてきても絶対に捕まえることができるポイントを探し、そこに立っていました。川ではいつ何が起きるか分からないことを親たちは知らないことに気づきました。油断しきっている親たちに声をかけ、いざというときにそなえました。

自然と遊んだ体験をつんでいれば、最悪の自体が一瞬で想定できます。沢歩きに慣れていなければ、ついすべって流されることもあります。流されたら、立つことができる場所であっても、あわてて溺れそうになることも起きるのです。そういうことを考えられないのは、体験していないからです。私は一人で何度も危険な目にあってきましたから、何が大事か分かります。子どもがくつろいでいるときは、すべての子どもを見落とさないよう、つねに気をはっていなければいけないのです。

危険を体験していても、万が一のことが起きるのが事故です。このことを知っている人は、知らない人に伝える仕事があることをつくづく思い知らされたツアーでした。

8　子どもを信頼する

畑を作るため、山積みの枝をとったらネコの死体が……

子どもをどのくらい信頼できるかということは、つきつめて考えてみると、人間をどのくらい信頼できるかということでもあり、自分自身をどのくらい信頼できているのかということでもあるように思えます。そもそも教育という行為は、自分や人間への限りない信頼がもとになって成り立っていくものなのではないでしょうか。自分への限りない信頼は、ほかの誰かと自分を一切比較しないところから生まれます。

人には現象としても得意、不得意がありますから、だれかが自分よりもよくできたりできなかったりすることはあっても、自分への信頼さえ持っていれば「とにかくやってみたい」とからだのほうが動きだしていきます。できるかどうかで立ち止まるのではなく、まずはやってみるのです。そういうふうな自分への限りない信頼が、他者への限りない信頼につながるのです。

本来、人という存在は、何でもやりたがるようにできているからこそ、今日までこれだけの生活と文化を築いてきたのではないでしょうか。歩けといわれなくても、子どもは立ち上がり、歩きはじめます。ひな鳥は親に餌をもらっていた状態から、自分で羽ばたき、餌を取るようになります。命というものはより可能性を広げるように、豊かになるように、より困難なことにチャレンジし、不可能を可能にしていくように働いているのです。つまり、どの命も少しずつ内側から成長し、やがて花を咲かせ、実を結び、枯れていき、次の命へのバトンを渡していくようになっているのです。

おそらく、タンポポの世界の中では、あるタンポポがほかのタンポポよりも優れているなどと比較されることはないでしょう。それぞれのタンポポが、その場所や土地の環境に応じて精いっぱい生き、タンポポとして咲き、実を結び、種を飛ばし、淡々と命をまっとうしているのです。それぞれの命をまっとうするということは、どの生きものもしていることです。これが自然なのです。ところが、その自然の法則からはなれ、途中で自ら命を絶ったり、自分はだめだと卑下し、自分を比較の中に置いてしまうのは人間だけです。

しかし、このように人間が自然な状態でいられなくなってしまうのには、それなりの理由があることが分かってきました。ある人は、他者と自分をくらべ、自分よりもうまくできるとかできないとかといった比較で心が忙しく動いていました。いつも比較に追われて、ものごとのおもしろさを味わうどころではなくなっていたのです。こういう生産的な結果をもたらすことのないことにエネルギーを使っていれば、さぞかし疲れることでしょう。

私が驚くほど上手にピアノを弾けるのに、人前ではピアノを弾きたがらない人がたくさんいます。よく聞くと、子どもの時のピアノの練習がいつも比較の中に置かれてしまっていたことが心の傷になっていたのです。自分よりもうまい人がいる中ではとても弾けないというのです。この人の親は、わが子が「ピアノ」を弾けることを自慢したかったのかもしれません。また、自分が親にさせてもらえなかったことをわが子にさせることで、子どものころの無念さをはらしたかったのかもしれません。なんとなく弾いてくれるのがうれしい心もあったのでしょう。ところが、子どもはピアノを習ったおかげで、いくら弾いても認められないような挫折感をもってしまいました。いつのまにか音そのものを楽しむことなどなくなってしまっていたのです。

私たちは、いつもだれかと比べられ、否定されていると、意欲をなくしていってしまうことをもっと真剣に考えなければなりません。比較の中におかれた一人一人の子どもを見ると、ピアノだけでなく、さまざまな場面での現実が浮かび上がってきます。親や教師、友だち、親の人、近所の人などから兄弟や友だちと比較されることが、「自分はできない」という心の傷になってしまっている場合もよくあることです。子どもがどのように傷つくかは、そういうことをいわれる回数だけでなく、それぞれの子どもの資質にも関係があるでしょう。

自分を肯定する一番のもとは、比較されない中にいることです。だからといって、競争はまったくいけないのかというと、そうではありません。子どもは単純に競争を楽しみます。それは比較ではないのです。相手がいるおかげで、自分の力が発揮できることがうれしいのです。

一九七九年の夏、中村博紀さんの広い畑を借りて、四年生の子どもたちと陸稲を育てていました。七月の夏休み直前、みんなで草取りをしたあと、私はインドへの一人旅に出かけました。

子どもたちも、親たちも、私が帰国するまでの一カ月間、草をまったくとりませんでした。戻ってみると、田んぼは一面、それはみごとな草の海。陸稲なのか草なのかまるで見分けがつきません。私はこれからこの広い田んぼの草とりをするのかと思うと、気が遠くなりそうでした。ところが子どもたちには余裕がありました。「先生、陸稲のところは陸稲の丈だけ草が伸びてるね。トウモロコシのところはトウモロコシの、小豆のところは小豆の丈まで草が伸びてる」というのです。確かに、草はそれぞれの場所に植えられている作物の丈だけ伸びているのです。その瞬間、私は草と作物がたいへんな競争をしていたことに気づきました。

でも、もう一つの見方が足りませんでした。草と作物は、競争しているだけでなく、お互いに力を出し合っていたともいえるのです。運動にしても勉強にしても、上手な人と一緒にいると力が引き出されることがよくあります。いい友をもつ、いい教師をもつことによって、眠っている子どもの力が引き出されることがあるのです。

そういうふうに考えると、競い合うというとき、外から強制されて競わされるのではなく、自分の中の眠っている力に働きかけるような競争というものは、からだにとって意味があるのです。競争が深刻化するのでなく、その中にも必ず楽しさがある、たとえ負けて悔しいことがあっても、それが恨みに変わるのではなく、次にがんばろうという励ましにしていく知恵を働かせていける力を育むことに、大人たちはもっと工夫しなければならないのではないでしょうか。これができた時、子どもは嫉妬にふりまわされず、素直に友だちの力を借りて伸びていくことの喜びを体験するようになっていくのでしょう。

それがあるから、子どもは集団がおもしろいのです。みんなで何かをするおもしろさもあり、人の話しを聞くことを通して、自分一人では思いつかなかった考え方を思いつくことも起きるのです。これまで自分の中に眠っていた感覚や考えが喚起されたり、友だちと共振し、共鳴しあって、からだがはずみだしたり、考えが発展しあったり、気づきをもらえたりもするのです。他者と比べるとき、否定的な比べ方ではなく、「よし、わたしもやってみよう」と、肯定するものが自分の内から湧いてくるような比較もあるのです。

また、子どもは友だちのまねをよくしたがります。まねをして成長していきます。確かにまねることも必要ですが、まねることにくたびれて、それだけになってしまわないよう、時期をみて机を離してみることも必要です。まねだけになってしまうと、まねる対象がないと、何もできないような不安を感じるようになってしまうこともおきてきます。もっともそういう不安の体験もまったく無意味というわけではありません。

いい友だちや成熟した大人がいる集団は大事です。子どもはまねることを通して、尊敬できる人、一目おく人、かなわない人、のりこえていきたい人がいることに気づき、客観的に自分を見ることができるようになります。だから、私たちは集団の質にたえず敏感でなければなりません。

子どもたちへの大人の関わり方も、常に問われています。大人が何かをできない子どもに対して、「きっとできるよ」というだけではだめなのです。子どもがどこでつまずいているのかを察知し、「ここはこういうふうにするといいよ」といった具体的なアドバイスも必要なことが多々あります。どんなことも半端でなく、さりげなく真剣に手を貸すことが必要な場合も日々出てきます。

子どもを肯定する人は、つねにポジティブに生きています。変に謙遜もしません。日本人は前置きのように謙遜をしがちですが、そういう余計なことは本来必要ない場合が多いように思います。

子どもたちとかかわっている大人は、つねに子どもをよく見ていなければなりません。ある子どもが、昨日はできなかったことが今日はできるようになったことを「すごい」と感じる喜びが生まれるような、大人や友だちの存在が大切なのです。教師や親が、子どものちょっとした心や能力の変化も見落とさないということは、子どもに対する関心がないとできません。

また、大人たちは、子どもたちが自分の次の時代をつくっていく存在であることをしっかり自覚することが大切です。いうまでもなく、子どもたちは一人一人がかけがえのない大切な命です。私が歩いたそのあとを、この子どもたちがさらによくしていく、変えていく、切り開いていくのですから。私たちは、そういう子どもたちへの敬いの気持ちをもちつづけていきましょう。

◉人間の中の光と闇

教師や親、大人が自分自身の中の光の部分と闇の部分と向きあっているかどうかが常に問われています。こういう自らへの問いがあってはじめて、子どもを肯定することが可能になってきます。子どもはとても闇に引かれます。なのに、大人は、子どもをまともにしようと、つい正義だけを強調してしまいがちになります。大人は正義を強調しながら、大人社会には悪がはびこっています。悪いやつほどうまくいっているように見えることもよくあるのです。大人は子どもの命をおびやかすものもたくさんつくっています。この現実と、正義をふりかざす大人たちのはざまで、子どもたちはとても混乱させられてしまっています。

人間には、光の部分と闇の部分があるのです。それがあるから人間なのです。だから、光だけを要求すると、子どもはとてもきゅうくつになってしまいます。人間のなかにある悪に目を向けさせる必要もあるのです。そこで私は、初版のグリム童話の「ヘンゼルとグレーテル」「赤ずきん」「白雪姫」「灰かぶり」や、マザーグースの中の「おかあさまがわたしをころしたおとうさまはわたしをたべる」「ほねとかわのおんながいた」「くるったおとことくるったかみさん」などのとても怖い話を授業に取り入れたり、劇の中でいじわるな役をさせたりすることを大切にしているのです。

参観日に、「どこのどなた」など、言葉遊びをしたときのことです。子どもたちは、授業参観に来た親たちに向かって、「かあちゃんもういかりそう」と、実に愉快に、大きな声でいったのです。この一節は子どもがつくったのですが、こんなことは親にいってはいけないと思えるようなことでも、ゲームのようにすると、子どもも表現できるのです。それも一人でなく、たくさんの友だちと一緒だと、もっといいやすく、素直にいえるのです。ただし、ことわっておきますが、「赤信号、みんなで渡れば、こわくない」というレベルにとどまっていいということではありません。

また、賢治の学校では歌を大事にしています。ののしりあいや悪口も、歌にすることによって、光の部分と闇の部分のバランスをとることに役立ちます。お話をつくるとき、いつも破滅させたり、死のほうに向かってしまう男の子のことを取り上げましたが、光のほうに向かっている部分が強くなりすぎているようなら、闇の部分を引き出してやる必要があります。最近歌ったなかで子どもの心をとらえた歌は、マルシャークの「森は生きている」シリーズの、「宮仕えのうた」「博士のなげきのうた」でした。いずれも、作曲は子どもたちの大好きな林光氏です。

「宮仕えの歌」

女王陛下のご命令は　とんでもない　とんでもない　それでもなんとかせにゃならぬ　なんとかしたいが世の中は　思うにまかせぬことばかり　無理を通せばかどが立つ　女王陛下のご命令は　とんでもない　とんでもない　つきあいきれないことばかり／女王陛下の

ご命令は　とんでもない　とんでもない　それでもなんとかせにゃならぬ　まあるく優しくおとなしく　角ばらないで生きてゆく　そうすりゃこの世はうまくゆく　女王陛下のご命令は　とんでもない　とんでもない（廣渡常敏）

「博士のなげきの歌」
私は先生　生徒は一人　でもその一人が　この国の女王　私は学者　真理の守り手　まちがい許せば学問の恥　私はいったいどうしたらいい　真理は一つ　命も一つ／頭はいいのに　すごいわがまま　わざとまちがえて　私を試す　生徒は女王で私は臣下　まちがいただせば反逆の罪　真理は尊く　命も惜しい　生きるか死ぬか　矛盾の世界（林光）

いまは子どもの闇の部分が大事に保障されていないために、かえって闇が強大化し、突然の暴力になるのでしょう。また、怒りや恐怖とうまくつきあえず、さらにファンタジーや、ユーモアの力も育てられていないために、子どもたちはいきなりバランスを失い、暴力として表出してしまうことも起きているのではないでしょうか。子どもの心の中にたまっている激しい怒りを、少しずつ出し、癒すことが必要です。自然界の力が大きく働いていた昔の子どもたちの中には、感情は人間関係にむきだしの状態でどっと流れ込むことはなく、自然とのかかわりの中で無意識にバランスをとって、とりくんでいたのではないでしょうか。昔はたいしたおもちゃなどありませんでしたから、草花で遊んだり、石を宝物のように大事にポケットに入れたり、虫や花を育てたり、日や月に手を合わせて生きてきました。そして、流れる雲や青い空を見たりするなかで、いつしか心の傷も癒されていくことが多かったのではないでしょうか。

また、昔のたくさんのわらべ歌や文部省唱歌、童謡なども、ことばに表わせない心を表現し、心のバランスをとる大きな力を発揮したように思います。雨が降れば雨の歌を、月が出れば月の歌を、紅葉、海、山、川と、どれだけの歌が子どもたちの心を支えてきたか分かりません。これらの歌が、自分を立たせ、引き受ける上でいかに大きな力をもっているか、私も六〇歳になって身をもって気づいたのです。もちろん、子どもの心に響かなかった歌もあるでしょう。しかし、それらは自然に消えていくのです。

「村祭り」「かじや」「田植え」など数々の唱歌や、生産の喜びをたたえうたう民謡。童謡。それらの中には、「とんぼ」「かえるのうた」「ちょうちょう」「かたつむり」「きつね」「ほたる」「とんび」「からす」などの生きものへ呼びかける歌がなんとたくさんあることでしょう。「子守歌」「ともしび」「十五夜お月さん」「月」「赤とんぼ」など、日常ふと口ずさむほどにからだに浸透した曲の数々。そういうものが、子どもの生活にリズムを与え、ファンタジーやなぐさめ、うるおいをもたらしていたことを、もっと私たちはとらえなおしてみる必要を感じています。

また、これらの歌が、昔の日本の四季や、時間がゆっくり流れるまことにのどかな田園風景や海、山、川などの自然の美を歌い上げているのには驚かされます。賢治の学校では、これらの歌も大切に取り上げていますが、いまの子どもたちの心にこういった歌がどのように働くのか、子どもたちの様子を見ながら、たくさんとりあげて歌っています。

◉赤ちゃんことばで話してみる

一、二年生のクラスで、赤ちゃんことばで話してみることも試してみました。それをある程度すると、子どもたちも気がすむようです。「赤ちゃんことばで話してはいけません」とただ規制するのではなく、実際にやってみると、いつの間にか満足して終わってしまいます。そういうとき、「そういうことをしてみたいんだな」とみることができるか、「そういうことはしてはいけません」とみるかで、大きく違います。

子どもたちがすでに赤ちゃんことばを使わなくていいからだになっているのなら、そのことばは必要ないのですが、まだ赤ちゃんことばが必要な状態のときにそれを禁止しようとしてもだめなのです。そこを見極める力が教師には必要でしょう。

賢治の学校に体験入学に来た一年生のルミさんは、ずっとお母さんに抱かれていました。彼女は、一年生になった当初は元気よく小学校に通っていたらしいのですが、あっという間に学校に行けなくなったそうです。活発だった娘の突然の変化が、お母さんには信じられないようでした。ルミさんは、みんなで歌を歌っていても、なかなか中に入れません。お母さんは何とか中に入れさせようとするのですが、私は無理じいはしないよう、お母さんに注意しました。

賢治の学校では、休み時間になると「だっこしよう」といって、子どもたちを抱いたりすることがあります。ルミさんは、そんなみんなの様子を見たり、教室に自分と同じような能力の子どもがいるのを見て安心したのか、「また見学にきたい」といったそうです。そういうとき、「早くお母さんから離れて学校に行きなさい」ということもできないわけではありませんが、その前に、どうしてこの子がそういう状態になっているのかを考えることが必要です。

ルミさんがまだ二歳にもならないうちに弟が生まれたました。その時、お母さんはどのようにルミさんに対応したのか、お母さんに聞いてみました。するとお母さんは、生まれたばかりの弟に手をとられてしまったので、ルミさんをほったらかしてしまった、というのです。それだけでなく、強くしかったりしたこともあったということでした。そこで、国語の教科書にある「あいうえおの詩」の中でどこが一番気に入ったか、ルミさんに聞いてみました。すると、「石ころいろいろあいうえお」だと答えました。彼女の心はきっと石みたいになっていたのでしょう。

その詩の中の自分の好きな一節を子どもたちが次々に読んでいくうちに、気持ちがだんだんほぐれてきたのか、ルミさんがぽろりと涙をこぼしたのです。その涙を見て、それまでどれだけ彼女がつらかったか伝わってきました。ルミさんは、ぽつりと「お母さん、怖かった」といいました。「いまはお母さんは優しそうだけど、怖かったの」と聞いたところ、お母さんが自分がすごくいらいらしていたことを正直に話してくれました。あの親子には、きっと新しい動きがあることでしょう。子どもというのは、親が変わることで一つのきっかけをつくれば、変わるのも早いのです。

ルミさんは、お母さんに抱かれているときでも、お母さんに触れようとする弟の手を振り払っていました。いかにも命の火の弱そうな弱々しい弟でしたが、それでもお母さんをとられるのが怖いのでしょう。以前はお姉さんらしくふるまって、しっかり弟の面倒をみたりして、リーダーシップを発揮していたルミさんの中で、何かが固まってしまって、一年生の入り口でつまづいてしまったのです。「お母さん、怖かった」と彼女が口にしたのは、子どもたちが口々に自分のお母さんは怖いと話していたときでした。きっとそういうことはいってはいけないことだと一人で思っていたのでしょう。

そういう状態の子どもに対して、当然こうあるべきだという観点から、「あなたはお姉さんになったのだから、だっこされてはいけません」といってはいけないのです。昔はこのことばが効力を発揮したこともありました。親との関係によっては、このことばが自分を姉として一人前に認めてくれている誇りにもなりました。しかし、今の子どもたちの大半は、親を独占したい心が驚くほど強いのです。というより、もっと自分のほうをしっかり向いてくれないと、独り立ちできない状態が生まれているといったほうがいいのかもしれません。親が自分のことをよく見てくれているか、関心を持ってくれているかどうかがとても気になる状態なのです。

親の自分への関心が妹や弟に移り、その上、弟や妹の面倒を見るようにいわれることは、親から見捨てられるような気持ちにさえしてしまうのです。

それにしても、ルミさんの弟の自分の存在を消すようなふるまいが、私の心に焼きついて離れません。と同時に、親たち同士がつながらずバラバラになっている今の子育てのむずかしさ。賢治の学校は、このことにも何とかとりくまなければ、とこの学校の存在の必要性をあらためて強く感じたのでした。

「お姉さんだからこれをしようね」というとき、自分が親に一目置かれていて、しかも弟や妹よりももっとうまくできる存在として大事にされていると感じられれば、子どもはお姉さんやお兄さんとしてふるまうことに喜びを感じられるのです。わたしは五人きょうだいの一番上に生まれて、損をしたと思ったことは一度もありません。

むしろ一番下の弟が、校長になって、初めて学校全体を仕切るようになったとき、「ねえちゃんと大きいあんちゃんの面白さがよくわかった」とうれしそうに語ってくれたのが心に響き、なぜだかとてもほっとしました。一人一人の教師の力をのばすということに責任をもつところが校長のおもしろいところで、一番下の自分はいつも守られてあたりまえになっていたというのです。

それはそれのよさもあるのですが、自分が仕切ってみて、その面白さを初めて感じたのでしょう。守られる側だけでなく、守る側にもなりたい、抱かれるより抱く方になりたいという思いが、それぞれの人のなかにはあるのかもしれません。

◉子どもに本当に必要なこと

自分の子どもが成長したり、学んだりすることに大切なお金が使えるのは、親として無上の喜びです。トモミさんのお母さんのミドリさんが、「自分の物を買うのはいいけれど、子どもの物だと損をするような気がする」といったのには驚きました。まだ母親になっていないのです。自分は親から買ってもらえなかったのだから、子どもにも買ってあげない、という親もいることを知った時の天地がひっくりかえるほどの驚き。そういう親が珍しくないことを知った時のさらなる驚き。そして、その驚きも束の間、なぜ子どもたちがこんなにも生きにくい社会を大人たちがつくったのか、謎がとけたのでした。

「子どもが楽しそうに勉強するのがくやしいから、学校に行くのを遅らせます」という連絡をよこした親まで出てきて、驚きを通りこし、親の心がひどく病んでいることに気づかされました。親たちも、成長して「親」になっていくために、自分が受けた傷についてもとりくまなければなりません。もう一度子どもとして生きなおす必要があったり、ケアをすることにもとりくまなければならないでしょう。

そういったことにとりくまないまま、子どもの喜びを自分の喜びに感じない親たちが、この国の質を低くしているのです。そういう親の子どもたちが、ある意味、親から見捨てられた形で、学校に来ているケースがたくさんあるのではないでしょうか。

ミドリさんの親にしても、本当に何も買ってくれなかったのかというと、そんなことはありません。大学にも行かせてもらっています。でも、ミドリさんの母親も、喜びよりも大変さを強調してミドリさんを育ててきたようで、なにかにつけて「大学まで行かせてやったのに」といわれるそうです。「学んでくれることがうれしい」というのではなく、「高い金を払って大学まで行かせてやったのに」といういい方だけになってしまっている親のもとで、ミドリさんは大きくなっています。

一方、ミドリさんのお父さんはというと、戦時中のものがない時代を苦労してくぐりぬけてきている苦労人です。それでも親としての成長をとげるには不十分だったのでしょう。また、戦争も大きな影響を与えているようです。たとえわが子のためであろうと、お金を使うのは納得がいかないものがあるようなのです。

二人とも、本当はもっとも深いところでは子どもが学んでいることを喜んでいるはずなのですが、自分の苦労を認めてもらいたい気持ちが強いために感情のほうに心がぬりつぶされ、大変だと強調してしまうのでしょう。そして、その大変さが親には分かってもらえなかったので、わが子に分かってもらいたいと、口うるさくなっているのかもしれません。しかし、どんなに苦しくても、ついそういうふうにいってしまうところに自分をとどめていては、大人として、親として成長することはできないのです。

食べもの一つとっても、まず子どもたちがおいしいものを食べる様子を、両親がにこにこしながら見ているような家庭で育つのと、祖父母と父親だけがいつもいいものを食べ、子どもたちは残りを食べていたとか、長男だけがとくべつ扱いだったというふうな家庭で育つのとでは、心の成長の度合いが大きくちがうでしょうし、人間をみる目や風景や心の中も違ってくるでしょう。

私の両親は、まず子どもの分をとり、自分が食べることを二の次にするような親でした。しかし、親は、自分をみじめにしているのではありません。その証拠に、実にうれしそうに私たちが食べる様子を見ているのです。その笑顔が、今も私の心から離れません。私たち子どもの方は、親は働いているのだからもっともっと食べてほしいと思っていたのですが、親は自分を特別扱いせず、まずわが子においしいものを与えるのです。私は、そういう両親を心から尊敬していました。

祖父母にしても同じです。孫たちへの心づかいがあれば、孫もうれしいし、おじいちゃんやおばあちゃんに対する心づかいも生まれます。決して子どものほうがおいしいものを食べて当たり前とは思わないでしょう。親が、自分は苦労しているからあたりまえ、年上だからあたりまえ、という心でなかったことが、子どもが親を尊敬する心を育てたといえるでしょう。親から子どもたちに対して、これみよがしに自分の苦労をねぎらってもらいたい、証明してもらいたい、見返りがほしいという気持ちをもっているようでは、子どもにとっては自分を守ってくれる親がいないことになっていくのではないでしょうか。

いまの子どもたちが、学校や学童保育などで配分される食べものが、他の子どもと同じかどうかに対して非常にこだわりが強いのは、家での食べものの分け方に納得できないものを強くもっているせいなのかもしれません。でも、子どもたちが本当に気にしているのは食べもののことではなく、自分が大事にされているかどうか、自分への心づかいがあるかどうかを食べものの内容や量で判断しているのでしょう。

食べものを分けるという行為には、分ける人の心が反映されます。その人の内側で動いている見えない心の中も、子どもは感じ取っているのでしょう。

◉人間を大事にする

自分が虐待を受けていると感じる子どもたちが増えてきています。親からすると、それは虐待ではなく、しつけであったり、はげます言葉であったり、そのくらいしなければ子どもが社会に出ていけないという思い込みであったりするわけですが、子どもはそれを虐待と感じ、親の過度な要求と感じているのです。自分にとって受け入れられないことを要求する親に対して、納得がいかないのです。そうなると、心がいつもふさぎこみ、何となくうつ的になってしまいます。

日常生活におけるモノの色彩は豊かになりました。ところが、はやりの色などに左右されてしまって、本当の自分の好みが分からなくなっているように思えることもあります。また、とても気がせき、いらだち、呼吸が浅くなっています。そういう状態の人にとって、何かを判断する場合、肯定か否定かといった両極端になりがちな気がします。友だちに対しても同じです。受け入れるか、拒絶するしかないようで、それもめまぐるしく変わるのです。

子どもだけではありません。大人も、自分の感じ方や判断の軸がありません。自分で判断しているようで、マスコミの報道に依拠し、マスコミや情報に操作された人間が増え、子育てのしかたもふりまわされてきたように思います。また、全体的に私たち大人もとても不安になっています。不景気になったこととも関係しているのでしょうが、しかしバブルがそもそもおかしかったということをもっと自覚すべきなのではないでしょうか。このところのデフレも異常です。こういった経済の病と人間の心の病はつながっています。経済的なものが、文化や教育、心に与える影響は大きいようです。

使い捨てのものが増え、ものを大事にしなくなり、自然を破壊するゴミが増えることは早急に手を打たねばならないことなのではないでしょうか。私たちの生きかたそのものの見直しです。まだ使えるものが捨てられていくことと心が壊れていくことは深くつながっているように思えます。私たちはものを持ちすぎているのです。それは人間さえもモノ化し、使い捨て方式で人を見る傾向も作ってきたともいえるのです。人間を大事にしなくなったことは人間がしたことに端を発しているのですから、何とかくい止めることができるはずです。

一人一人が本当に自分を愛してほしい、と思う欲求が強くなった一方で、自分も他者もぞんざいに扱う傾向がとても強くなってきたように思えるのですがどうでしょうか。私から見ると、他者をうやまう気持ちがとても弱くなってきているように思えるのです。誰かをうやまうとき、以前はていねいな作法や謙譲語をつかうというかたちから入っていきました。しかし、今はこの試みもあまり見られなくなりました。みんな極端に「平等」になったり、また目上を極端に先輩扱いして「尊敬する」という上下関係をつくるようになったりで、まだ自然な安定した秩序をつくりだすところにまで、私たちは至っていないのではないでしょうか。

私たちはいま混沌のなかにあって、何とか納得のいく秩序をつくりだそうと試行錯誤しています。新しい秩序あるものをつくりだす文化の一つとして、ことばだけでなく、ことばの実体を支える人間関係のありようを探ることも大切なのでしょう。おそらくその人間関係は、小さな共同体をいくつもつくったりこわしたりしていきながら、その中で正直な心を表現し、ぶつかり合うことを通して、今より無理のない自然な関係となって誕生させていくのでしょう。その時、従来の尊敬語や謙譲語は大きく変化していくかもしれません。

子どもたちは大人をまねして、模倣して生きているということに、親や大人たちはどうして気づきにくいのでしょう。子どもがよくない行動をとるのは学校や社会が悪いからであって、自分には責任がないというふうにすぐになってしまうのはどうしてでしょう。親や大人たちの無意識の中に何が動いているのでしょうか。まず私たちは自分をただし、大人社会をただしていくことにとりくまねばなりません。

ものを大事にするように口先ではいいながら、まだ使えるものを捨てていく社会をつくっているようでは、いくら言葉でいっても意味がないのです。私たちは、大人、親、教師として、私たちが無意識にやってしまっていることを、子どもたちの行動が教えてくれていることに一刻も早く気づき、目覚めなければならないのです。

子どもに責任を持てないようなこういう大人があふれている社会のなかにあっては、「命を大切にしなさい」ということばは、子どもたちのからだの中には入ってはいかないでしょう。もしもそれを子どもたちにいいたければ、大人社会がそのことについて真剣に取り組む覚悟が必要です。これは大人が子どもたちに態度で示すことであって、子どもにことばで要求したり強要したりすることではまったくないからです。

子どもたちの生命力がなくなるということは、植物にたとえれば日の当たらないやせ地にまかれた種の状態といえるでしょう。日光や水や肥料が不足している状態です。親や大人たちの気が子どもたちに注がれていない状態です。親の庇護を必要としている時にないがしろにされていたのでは、自分が大切な存在であることを実感できませんし、自分の命を大切にする心も育ちません。また、自分への信頼がわいてきません。私たち大人や親、教師は、そういう子どもをたくさんつくってしまっていることに気づかなければなりません。

◉虐待を引き受けて生きる

子どものなかには、あまりにも噛みつづけたために爪がなくなってしまった子どもや、鉛筆をかじる子ども、攻撃的な子ども、人の痛みを感じたくない子ども、話さない子どもがいます。そういうふうにからだがなるまでに、どれだけからだが大変だったのか、教師は感じているでしょうか。安っぽい同情や自分と似ているといったレベルではなく、子どもの痛みを感じながら、しかし同時に子どもはそれを引き受けた人生であるということを教師は知る必要があるのです。

たまたま子どもを虐待する親のもとに生まれたわけではなく、子どもがそれを選んで、そういう親のところに生まれてきているのかもしれません。一人一人の子どもが親に虐待された被害者になるのではなく、虐待を引き受け、その根源の問題にとりくんで生きていけるような強さを、教師は育てなければならないと考えるべきだと思います。

親からの虐待を引き受けて生きていく、あるいは虐待を体験する必要があって生まれてきた子どもなのかもしれないというふうに考えてその子どもを見るとき、ただかわいそうだとか、親がひどいといったレベルでなく、虐待の体験がさらにその子を豊かにしていく、人生を作り上げていく力にもなりうるということを考えてみる必要があると思います。

爪がなくて指先を使ったこまかな作業ができない子どもには、まずはピンセットを渡せばいいのです。どうしても爪でする必要があれば、手伝ってやればいいのです。そういうふうにその子どものできない部分をおぎなうということが、単なる同情にもとづくのではなく、子どもが体験を生かしてどう生きていくかをつねに考えている教師や大人が対応しているということに意味があるのです。

そういうことは人生に対して悲観的な人にとってはむずかしいことであることも承知の上で、このことを強調しておきたいのです。自分は親から虐待を受けた、親が許せないといったレベルで生きるのではなく、どうして自分はそういう親のもとに生まれてきたのかを見つめてみるのです。そうすることで、ただ被害者の段階に自分をとどめておくことをしないようにするのです。どれだけ虐待の傷が大きくても、それを冗談にしたり、ときにはしんみりした話にしたり、わいてくる怒りをただの怒りにとどめず、さらに深い芸術的表現やスポーツなどの表現にすることも可能なのです。

すると、それを続けていく中で、虐待が芸術的な絵画や音楽、詩などの作品となったり、ちょっとやそっとではへこたれない根性を育てたり、内面の豊かな光を放つ人間になっていったりもするのです。

人間は生きて成長していくうえで、もしかしたら、どこか飢えている部分が必要なのかもしれません。すべてに満たされたら、自分で満たしていく力を失ってしまいます。ほどほどに足りなければ、自分で切り開いていこうとするものが生まれます。また、極端に人間関係が欠落してしまった子どもでも、ほかの人との関わりのなかで愉快な時間をたくさんもったり、安心していられる居場所が用意できると、うちひしがれなくてすみます。親からたたかれたり、「そんな足なら切ってしまうぞ」などというひどいことをいわれることがあっても、笑いに変えれば深刻でなくなり、乗りこえていけます。

そういう芝居をしてみてもいいかもしれません。たとえば、母親に対して怒っている男の子にお母さん役を、お母さんに子ども役をさせれば、子どもはお母さんに自分のほうから向かっていけるし、お母さんも変わるきっかけをもらうことができます。母親というのは、子どもからつきあげられてやっと変わっていく存在でもあるように思います。導き手でもあるけれども、子どもからいわれることがいちばん腹にこたえるような深い関係が、母子の間にはあるのです。

親からの虐待を受けるのも、その子どもの人生の一部です。それをどう力にできるかが大事なのです。悲劇的なことも、残酷なことも、その中に埋没しないで、どう豊かなものに変えていけるかという視点がつねに必要です。虐待は、ある意味では、親が自分の心を子どもに対して正直に出している行為であるともいえるのです。親のむき出しの感情の正直さそのものに対しては、子どもは納得はできなくとも、どこかでひかれ、肯定しているように思えることさえおきているのではないか、とんでもないとそれに参っている部分があるのではないか、と思えるような気さえしてくることがあります。それほど親子の間で流れている感情は単純ではないのです。

人間の命を一度きりとするか、肉体は変わっても魂は不滅とするかによって人間に対する考え方は大きく二つに分かれます。これまで何万人もの一人一人の心の中をたどってきて、いま、私は魂は不滅だと思えてしようがないところに立っています。大学生の一時期、唯物論に傾いていて、肉体が終われば終わりだと思っていたころもありました。でも、教師になってたくさんの親子と向き合っているうちに、どうもそうではないように思えてきました。また、心が物質を規定する面と、物質が心を規定する面の両面があるとも強く感じるようになったのです。

赤ちゃんを見ていると、人間の誕生のスタートはゼロからではなく、一人一人がすでに出発点からかなり違っているように思います。かといって、お腹のなかにいるあいだだけでその違いができたわけでもなさそうです。賢治の学校に通っていた子どもの中には、無意識に生まれる前の話をする子どもがいました。命の流れは、目に見える部分だけではないのです。そうすると、親からの虐待というつらいことも、子どもがそういう立場を選んで、それにとりくむことを使命として生まれてきたのかもしれないと考えてみることもできます。

また、虐待を体験することで、人間の闇にとりくみ、人間そのものを深く考えるきっかけを私たちに与えてくれているのかもしれないのです。世の中から虐待をなくしていく運動のきっかけをつくったり、その子ども自身が運動を推進する中心になることさえやってしまうかもしれません。こういうとりくみや運動を通して、人類は、何千年も続いたこのからだや心に刻み込まれてきた戦争の暴力、支配者からの暴力、家族の中の暴力をのりこえていく力をつけていっているのかもしれません。こういう力が、「われらまことの幸福を索ねよう。求道すでに道である」と賢治が書いた道の途上一面をびっしりと埋めつくし、一足ごとにそれぞれの花を咲かせていっている、そんな時代をいま生きている、と思えてなりません。

◉正しく強く生きるために

世間を騒がせるさまざまな事件や納得できないようなことは、すべて自分や自分の社会を直視し、それぞれの内なる暴力を見つめなさいというメッセージではないでしょうか。事件を起こした当事者の親子だけの問題ではないのです。そういった意識の変化が世界中のあちこちで起きることによってしか、人類は変わっていけないのでしょう。戦争をなくすという人類の大きな問題も、実に親子の問題を根底にすえて見る時、実現への可能性が見えてくるではありませんか。

今後、たいへんな勢いで人類は命から命へと舞台を移しながら、心や生産、生活の仕方を変化させていくだろうと思います。もちろん、そういう変化を推し進めるのは私たち一人一人です。それを推し進めていくことのできる意思や感情、思考を、私たちは育んでいかなければなりません。おそらくそれらは個人のエゴをこえ、宇宙の法則を内側に内包しているものでなければ、本当の解決への道にはならないようにできているのでしょう。一人一人がしっかりと目覚めなければ実現できないようになっているでしょう。

そう考えていくならば、学校という場や授業の役割がいったい何なのか、明らかになってくるではありませんか。宮沢賢治の「正しく強く生きるとは銀河系を自らの中に意識してこれに応じて行くことである」ということばを生きることでしか、本当に生きることはありえないのです。

学校の役割、大人の役割は、子どもたちが自然や人から最大限に力をもらって生きる力を阻害せず、自分や世界、宇宙のことわりに対する気づきを深くし、生きていく上で必要なさまざまな技術を獲得し、自然や人とともに自分自身を生ききっていくための思考、感情、意志を育んでいくための手助けをすることなのではないでしょうか。

そのことによって子どもたちは、自分の命を、人間以外のたくさんの命のなかでも見、現在だけでなく、過去や未来も含めたすべての存在との繋がりのなかで、頭だけでなくからだのレベル、魂のレベルでとらえ、他者や社会との関係、共同体のなかでとらえることができるようになっていくのではないでしょうか。

これが意図的にこの方向に子どもを導くということであれば、学校は一つの洗脳機関になりかねません。あくまでも子どもたちが、自らの内なる銀河の法則に沿っているかどうかが、ここで厳しく問われなければなりません。

すべての存在とのつながりの中で、子どもたちが自らの命をからだ、魂、霊的な次元でとらえられるようになることが、家庭や学校の仕事なのではないでしょうか。魂やからだがそうなっていけば、世界のどこか一つが悪くなるということは、ありとあらゆる存在全体に波及することであることに気づくのです。まさに「インドラの網」の世界をからだが実感できるようになっていくのです。

今まで人間がいろいろな形でしてきたことをすべてふるいにかけ、総清算するところに人類は来ているように思います。それをしなければ、人類そのものの存在がなくなるところにまで、人間は歴史をおしすすめてきたのです。ただ神に願い、祈っていた時代から、もっと自分がこの地球や人、自然に対してしてしまったことをしっかり認識し、その事実を引き受けて一つ一つにとりくまなければ、自らの命、存在もなくなってしまうところにまで、時代は来てしまっているのではないでしょうか。

あとがき

二〇〇一年四月、七年ぶりに子どもたちの前に立ちました。一年生三人、二年生五人、三年生三人、五年生一人の、たった十二人の二十四の瞳。思えば、三七年前の一九六四年、東京都青梅市立第十小学校の教師として、初めて担任した五年生の子どもたちも十二人でした。

「戦争っていやだな」　青木幸一

「サイレンがなると、敵の飛行機がきたという合図だ。電燈をけしてなあ、二人のあかんぼうをおぶってなあ、防空ごうによくかくれたもんだ。そんな時はな、家にあるのなんかかまわねえでよくにげたんだぞ。ばくだんが落ちてくる時は、みている方が、おっかねえぞ」

みんなでこたつにはいって話をする時、
おかあちゃんは、よく戦争の話をする。
ねえちゃんのおとうさんが
戦争にいって死んじゃったという話もよくする。

いまでも、むかしのおとうちゃんの写真と、おばあさんの写真がかざってある。
いつだか新聞にむかしのおとうちゃんの名前がでていた。
夏休みの日に、ぼくとおかあちゃんで
ねえちゃんの家へ行った。
ぼくがねえちゃんの子の子もりをしていた時、
ねえちゃんは青梅の市役所へ行って
賞状とバッチとサカズキを一個もらってきた。
かあちゃんは、
それをうちへもってかえって
仏様の中においた。
それで、ぼくも時々もらってきたのをあけてみる。
賞状とバッチとサカズキ。
こんなつまんないものより
生きている方がいい。

この子たちが生まれたのは、一九五三年。いま思い出してみると、父親は戦争に行っていた世代で、子どもたちの日常の中に戦争のあとが残っていたのです。彼らは、今はもう四八歳。

そりゃそうです。私より十二歳年下だったのですから。一九六四年は東京オリンピックのあった年ですが、まだ本当に貧しかったのです。私の初任給も二万円ちょっとの頃でした。

あれからじつに三七年。ずいぶん時代は変わりました。環境面も、物質面も、人との関係も。不登校、ひきこもりなど、存在しなかったのです。もしあったとしたら、それはおそらく金持ちの子どもでしょう。貧乏な私たちの多くは、早く一人前になって親に楽をさせてあげたい、仕送りなどして親を助けてあげたいという一念で、まじめに勉強もし、仕事もし、人さまから後ろ指をさされて親が悲しむようなことなどするまいと、誠実に生きてきたのでした。

しかし、今や、若者といっても、三〇歳、四〇歳をこえる人たちの、親への怒り、憎しみ、恨みは、私たちの理解、想像力をこえたものになってしまいました。たとえ親に力不足な面はあっても、それを自分の代で断ち切り、自分が親になれば、それさえも次の世代に乗り出していく子どもを育てる踏み台にし、親よりましな親になれるよう努力しようと、戦中戦後、多くの人はとりくんできたのです。ところが、そういう親に育てられた子どもたちの中には、不登校、家庭内暴力、摂食障害、ひきこもり、うつ病、精神分裂病などと、生きることに行きづまる状態にまで追い込まれていってしまっている者も少なくありません。そして、そういう状態を未解決のまま親になり、暴力、無視などの虐待をくりかえしている親もいるのです。

しかし、一方では、わが子をていねいに育てる親たちもたくさん現われてきました。私が公立学校の教師をしている頃、授業を参観に来た多くのたちが、口をそろえていったものでした。

「公立学校は荒れていると聞いていたけれど、こんなに子どもたちがちゃんとしているなんて、ぼくの時代以上です」

「今の子どもが元気がないと思っていたけど、何だよ、このエネルギーは！」

ところが、そういわれていた私でも、賢治の学校の子どもたちに教えてみると、いったい私は公立学校の中で、子どもを一人一人としてどれだけ見ていたのだろう、とあらためて疑わざるをえなくなりました。そして、公立学校ではとても無理なことを要求されていたのだと知るに至りました。

正直なところ、教師の私からすれば、異なる年齢の子どもを一人一人ていねいに見ていこうとすると、十二人の子どもたちでもやっとの人数です。同じ学年なら、多くても二〇人でしょう。しかし、子どもの学びの場には、同学年だけでなく異なる年齢の子どもたちが混じり合う時間も大切です。公立学校にいた時、たて割りのクラスや、たて割りによるプログラムをもちましたが、あれは、本当にその効果を上げるにはほど遠いものだったことが今になってとてもよく分かります。何か問題が起きると学校はすぐにそういう方法をとりたがりますが、その効果が生まれるところまでいくとりくみがなされていない傾向があるのは、教師が教えねばならないことに常に追いかけられているからです。

一人一人とていねいに向き合うことなどできそうにない条件の中で働いている現場の教師のみなさんには、自分のからだや家庭をまずは大切にしてほしいと思います。これは私がいちばん悔いの残るところなのです。私のワークを受けにくる若者や、もう親になっている人の中には、教師の子どももたくさんいます。そのたびに、私も、わが子や夫と重なって、苦しく申し訳なくなるのです。自分のことよりも社会のことを優先することをよしとする風潮が強く残っていた戦前、戦中、戦後を生きてきた私には、その風潮をからだからはずすことはむずかしかったのですが、だからといって時代のせいにはできません。

学級崩壊が四校に一校はあるという二〇〇一年一〇月の調査結果は、実際はもっと深刻なものに違いないでしょう。公立学校がどんな親の子どもも受け入れなければならないということは、一人一人の親とつきあってみればどんなにむずかしいことか、しかも、一人一人の親にふみこめない現実の中では、もう至難のことだということが、公立学校の外にいるととてもよく分かります。

自覚のある親たちが集まっているはずの賢治の学校だとて、この学校の存続をかけて、どれだけ親たちとぶつかりあってきたことか。すべておまかせの親相手なら、賢治の学校などつくる必要はないのですから、それはすさまじいぶつかりあいです。こういうぶつかりあいができない公立では、教師もそれ相応の対処をせざるをえないのは当然のことかもしれません。教師たちのあきらめと苦しさは、十分すぎるほど分かるのです。でも、そういう状況にあっても、少しでもよい授業をつくりたい、改革をしていきたい、という思いがあるのが教師。教師魂は死んではいないはずです。そういう人には、この本は少しは参考になるかもしれません。

すべてが道の途上。すべてが実験の日々。すべてがないがしろにできない日々の連続です。二〇〇一年十月三日に六〇歳を迎え、私もおかげさまで白髪が増えました。私の残り時間は、もうわずか。自分たちで学校をつくっていく動きは、私の後の世代の人たちと重なり合って、次の世代に移っていっています。私は私のやれることを死の寸前までやって、この地上の仕事に幕を下ろしたい、と思っています。

私のスケジュールは、平日の月曜から金曜まで授業でびっしりです。朝七時に家を出て、八時半の清掃に始まり、三時ごろまで授業をし、その後、夜十一時、十二時まで、会議やワークが続きます。しかも、土日は講演やワークショップのため地方に出かけ、一日の休みもない生活を送っています。そんなホットな時間がつづく中、この一冊の本は生まれました。トランスビューの林美江さんの根気強い催促とはげましがなければ、とても無理な状況だったのです。林さんとともに何とかまとめることができたこの本が、賢治の学校がいったい何をしているか世の中に紹介でき、親や学校の教師だけでなく、自分で学校をつくろうとしている人にも何らかのお役に立てたら、と今はもう祈る思いです。

この本を書き上げるにあたって、さまざまな人に協力していただきました。最終的なつめに入った十月には、小学部を担任している同僚の倉八順子さん、合場義郎さんが、私の執筆のための時間をつくってくれました。また、同じく小学部の担任で、いまはドイツのシュタイナー学校の教師養成講座で学んでいる鴻巣理香さん、藤村久美子さんとの共同の仕事であることも加えておきます。そして、もちろん賢治の学校の親たちの一人一人も、私の厳しい叱咤の声にもめげず、子どもを育てていく仲間として、ともに歩んでこられたことをうれしく思っている私がいることを伝えておきたいのです。

私が小学部の仕事に専念できるよう、どれだけ事務局長の竹内明美さん、事務部の鈴木真紀さん、佐藤渡希子さん、柴田超工さん、佐藤康司さんのお世話になったことか。書き上げていけばきりがありませんが、実習生のみなさん、賢治の学校を支えて下さる講師の方々、友人の徳永蔦枝さん、賢治の学校支援団長諸澄武彦さん、そして何よりもわが息子和広、娘雅代と、たくさんの方々の力に、心からお礼を申し上げます。また、これからもこの仕事がともにできることに強い感謝と喜びを抱いていることも、ここに表明させていただき、真っ正面からさらに私を切って下さることを心からお願いいたします。

そして、最後になりましたが、読者のみなさんにも、「これはおかしい」「子どものためにならない」「あやしい」「だめじゃないか」と、率直なご意見を下さることをお願いして終わりにしたいと思います。

二〇〇一年一〇月

鳥山敏子

「賢治の学校」は、子どもたちが内なる銀河の法則に従って生きていける手伝いをすべく、一九九四年に誕生しました。そのために、私たちはシュタイナー教育、演出家竹内敏晴氏のことばとからだのレッスン、野口晴哉氏の整体法、川口由一氏の自然農をはじめ、仮説実験授業、ものづくりを中心とした社会科の授業、水道方式による分かりやすい算数の授業、新しい音楽や美術、家庭科、体育教育の実践、文型研究会や作文の会などの国語教育、分かりやすい漢字の指導といったこの国の先進的な教育実践や成果などをもとに、独自のカリキュラムをつくり、子どもたちの学びのサポートを行なっています。朝八時十五分の清掃からはじまって、八時半にスタート。十時半までの二時間はエポック授業のかたちをとった全教科の総合学習です。音楽や英語のあと、国語、算数があります。午後には、理科、体育、書写、お話、水彩・木工・彫塑・手仕事、家庭科、英語、フォルメン、オイリュトミー、武道、整体など、広い範囲にわたっています。基本的には指導要領に示された内容は、すべてを網羅していますす。クラスは、幼児部・小学部・中学部・高等部まであり、十二年生（高校三年生）までの一貫教育をめざしています。希望すれば十三年めには受験勉強にもとりくみます。二〇〇五年四月現在、幼児から九年生（中学三年生）まで、約百人の子どもが通っています。（NPO法人　東京賢治の学校　〒190-0023　東京都立川市柴崎町6-20-37　TEL042—523—7112　URL：http://www1.neweb.ne.jp/wa/kenji/）

鳥山敏子（とりやま　としこ）

1941年生まれ。30年間、公立小学校の教師を務め、子どもの心とからだに生き生きと働きかける革新的な授業を展開。1994年、全国に「賢治の学校」をつくるために退職し、自分自身を生ききることのできる親、子、家族について模索を続ける。2001年４月より教壇に復帰。新たな総合学習のスタイルが注目される。著書に『親のしごと教師のしごと』（法藏館）『居場所のない子どもたち』（岩波書店）『いのちに触れる』（太郎次郎社）『ブタ丸ごと一頭食べる』（フレーベル館）他多数。

生きる力をからだで学ぶ

二〇〇一年十二月二〇日　初版第一刷発行
二〇〇五年 六 月三〇日　初版第二刷発行

著　者　鳥山敏子
発行者　林　美江
発行所　株式会社トランスビュー
東京都中央区日本橋浜町二―一〇―一
郵便番号　一〇三―〇〇〇七
電話　〇三（三六六四）七三三四
URL http://www.transview.co.jp
振替　〇〇一五〇―三―四一一二七
印刷・製本　（株）シナノ

ISBN4-901510-03-7 C0037
JASRAC 出 0113377-101